乌合之众

THE CROWD

A Study Of The Popular Mind

大众心理研究

【法】勒庞◎著　波洛◎译

中国华侨出版社

图书在版编目（CIP）数据

乌合之众：大众心理研究 /（法）勒庞著；波洛译. — 北京：中国华侨出版社，2013.6

ISBN 978-7-5113-3765-8

I. ①乌… II. ①勒…②波… III. ①群众心理学－研究 IV. ①C912.64

中国版本图书馆CIP数据核字（2013）第142846号

• 乌合之众：大众心理研究

著　　者 /（法）勒庞
译　　者 / 波　洛
责任编辑 / 文　筝
责任校对 / 李向荣
经　　销 / 新华书店
开　　本 / 787毫米×1092毫米　　1/32　　印张 / 7　字数 / 160千
印　　刷 / 大厂回族自治县彩虹印刷有限公司
版　　次 / 2013年8月第1版　　2017年10月第5次印刷
书　　号 / ISBN 978-7-5113-3765-8
定　　价 / 29.80元

中国华侨出版社　　北京市朝阳区静安里26号通成达大厦3层　　邮　编：100028
法律顾问：陈鹰律师事务所
编辑部：（010）64443056　　传真：（010）64439708
发行部：（010）64443051
网　　址：www.oveaschin.com
E-mail：oveaschin@sina.com

作者自序

下面将对群体特征进行简单的研究。

遗传赋予每个种族的每个人以某些共同特征，这些特征整合在一起，便构成了这个种族的精神。不过，当这些个体中的一部分人为了行动的目的而聚集成一个群体时，仅从他们聚在一起这个事实，我们就可以观察到，除了原有的种族特征之外，他们还表现出一些新的心理特征，这些特征有时与种族特征并不一致。

在各民族的生活中，有组织的群体历来起着重要的作用，然而这种作用从来没有像现在这样重要。群体的无意识行为代替了个人的有意识行为，是目前这个时代的主要特征之一。

对于群体所引起的困难问题，我以纯科学的方式进行了考察。这就是说，我的努力只有方法上的考虑，不受各种意见、理论和教条的影响。我相信，这是发现少许真理的唯一办法，当这里所讨论的是个众说纷纭的话题时，情况尤其如此。致力于澄清一种现象的科学家，他对于自己的澄清会伤害到什么人的利益，是不会有所考虑的。杰出的思想家阿尔维耶拉先生在最近一本著作中说，不属于任何当代学派的他，不时发现自己和所有这些派别的各种结论相左。我希望这部新著也堪当此论。属于某个学派，必然会相信它的偏见和先入为主的意见。

不过我还是要向读者解释一下，为什么他会发现我从自己的研究中得出一些他乍一看难以接受的结论。例如，为什么我在指出包括杰出人士的团体在内的群体精神的极端低劣之后，还是断定，尽管有这种低劣性，干涉他们的组织仍然是危险的呢?

其原因是，对历史事实最细致的观察，无一例外地向我证实，社会组织就像一切生命有机体一样复杂，我们还不具备强迫它们在突然之间发生深刻变革的智力。大自然有时采取一些激烈的手段，却从来不是以我们的方式，这说明对一个民族有致命危险的，莫过于它热衷于重大的变革，无论这些变革从理论上说多么出色。如果它能够使民族精神即刻出现变化，才能说它是有用的。然而只有时间具备这样的力量。人们受各种思想、感情和习惯所左右——这是我们的本性使然。各种制度和法律是我们性格的外在表现，反映着它的需要。作为其产物的各种制度和法律，是不能改变这种性格的。

研究社会现象，与研究产生这些现象的民族是分不开的。从哲学观点看，这些现象可能有绝对价值，实际上它们只有相对价值。

因此，在研究一种社会现象时，必须分清先后，从两个不同的方面对它加以考虑。这样就会看到，纯粹理性的教诲经常同实践理性的教诲相反。这种划分几乎适用于任何材料，甚至自然科学的材料也不例外。从绝对真理的观点看，一个立方体或一个圆，都是由一定的公式做了严格定义的不变的几何形状。但是从印象的角度看，这些几何图形在我们眼里却会表现出十分不同的形状。从透视的角度看，立方体可以变成椎形的或方形的，圆可以变成椭圆或直线。但是，考虑这些虚幻的形状，远比考虑它们的真正形状更重要，因为它们，也只有它们，是我们所看到并能够用照相或绘画加以再现的形状。有时不真实的东西比真实的东西包含着更多的真理。按照事物准确的几何形状来呈现它们，有可能是在歪曲自然，使它变得不可辨认。我们不妨设想一下，如果世界上的居民只能复制或翻拍物体，但无法接触它们，他们是很难对物体形态形成正确看法的。进一步说，如果有关这种形态的知识只有少数有学问的人才能掌握，它也就没有多少意义了。

研究社会现象的哲学家应当时刻牢记，这些现象除了有理论价值外，还有实践价值，只有这后一种价值与文明的进化有关，只有它才是重要的。认识到这个事实，在考虑最初逻辑迫使他接受的结论时，他就会采取非常谨慎的态度。

还有一个原因使他采取类似的保留态度。社会事实如此复杂，根本不可能全盘掌握或预见到它们的相互影响带来的后果。此外，在可见的事实背后，有时似乎还隐藏着成百上千种看不见的原因。可见的社会现象可能是某种巨大的无意识机制的结果，而这一机制通常超出了我们的分析范围。能够感觉到的现象可以喻为波浪，它不过是海洋深处我们一无所知的湍流的表象。就群体的大多数行为而言，它在精神上表现出一种独特的低劣性，在另一些行为中，它好像又受着某种神秘力量的左右。古人称它为命运、自然或天意，我们称之为幽灵的声音。我们虽然不了解它的本质，却不能忽视它的威力。在民族的内心深处，有时仿佛有一种持久的力量在支配着他们。例如，还有什么东西能比语言更复杂、更有逻辑、更神奇呢？但是，这个组织程度令人赞叹的产物，如果不是来自群体无意识的禀赋，还能来自什么地方？最博学的学者、最有威望的语法学家，所能做到的也不过是指出支配着语言的那些规律，他们绝不可能创造这种规律。甚至伟人的思想，我们敢于断言那完全是他们头脑的产物吗？毫无疑问，这些思想是由独立的头脑创造出来的，然而，难道不是群体的禀赋提供了千百万颗沙粒，形成了它们生长的土壤吗？

群体无疑总是无意识的，但也许就在这种无意识中间，隐藏着它力量强大的秘密。在自然界，完全受本能支配的生物做出的一些动作，其神奇的复杂性令我们惊叹。理性不过是较为晚近的人类才具有的属性，而且尚未完美到能够向我们揭示无意识的规律，它要想站稳脚跟，仍然有待来日。无意识在我们的所有行为中作用巨大，而理性的作用无几。无意识作为一种仍然不为人知的力量起着作用。

所以，如果我们打算待在狭小而安全的界限之内，利用科学来获取知识，不想踏足模糊的猜测与无用的假设的领域，那么，我们所有必须做的事情就是留心这些我们能够接触到的现象，把我们自己限制在思考它们的范围内。从这些思考中得出的每个结论肯定都是不成熟的，因为在这些我们能够明确观察到的现象背后，另有一些我们只能隐约看到的现象，还有一些则是我们看不到的现象。

引论 群体时代

—— 本节提要 ——

当今时代的变革·文明的变革是民族思想演变的结果·现代人对群体力量的信念·群体力量改变了欧洲各国的传统政策·大众阶层是如何崛起的，又是如何滋生出力量的·群体力量的必然后果·除了充当破坏者，群体不扮演别的角色·群体推动了衰朽的文明走向解体·对群体心理学的普遍无知·研究群体对立法者和政治家的重要性

罗马帝国的衰亡和阿拉伯帝国的建立，这些发生在文明变革之前的大动荡表面看来似乎是由政局变动、外敌入侵或王朝的更迭决定的。但是，如果对这些事件做一个更为细致深入的研究，你会发现隐匿在表象下的深层原因：普通大众的思想观念促成了

这些影响深远的大变革。

真正的历史动荡，并不是那些恢宏和惨烈的令我们触目惊心的事件。造成文明洗心革面的重要变化，就是影响到思想、观念和信仰的变化。令人难忘的历史事件，不过是人类思想不露痕迹的变化所造成的可见后果而已。这种重大事件之所以如此罕见，是因为在一个种族中，没有什么东西能比世代相传的思维结构更加稳固。

当今时代便是人类思想正在经历转型的关键时期之一。构成这一转型基础的有两个基本因素：第一，宗教、政治和社会信仰的毁灭——我们文明的所有要素，都根植于这些信仰之中；第二，现代科学和工业的各种发现——创造了一种全新的生存和思想条件。

以往的观念虽已残破不全，却依然有着十分强大的力量，取而代之的观念仍处于形成的过程之中，现时代呈现为群龙无首的过渡状态。

这个必然有些混乱的时代最终会演变成什么样子，现在还难下断语。在我们这个社会之后，为社会建立基础的会是一些什么观念？目前我们仍不得而知。但已经十分清楚的是，不管未来的社会是根据什么路线加以组织，它都必须考虑到一股新的力量。一股最终仍会存在下来的现代至高无上的力量，即群体的力量。在以往视为当然、如今已经衰落或正在衰落的众多观念的废墟之上，在成功的革命所摧毁的许多权威资源的废墟之上，这股代之而起的唯一力量，看来不久注定会同其他力量结合在一起。当我们悠久的信仰崩塌消亡之时，当古老的社会柱石一根又一根倾倒之时，群体的势力便成为唯一无可匹敌的力量，而且它的声势还会不断壮大。我们就要进入的时代，将是一个千真万确的群体时代。

就在一个世纪之前，欧洲各国的传统政策和君主之间的对抗，是引起各种事变的主要因素。民众的意见通常起不了多少作用，或不起任何作用。如今，却是通常得到政治承认的各种传统、统治者的个人倾向及其相互对抗不再起作用了。相反，群众的声音已经取得了优势。正是这个声音向君主们表明群众的举动，使他们的言行必须注意那声音的内容。目前，铸就各民族命运的地方，是在群众的心中，而再也不是在君王们的国务会议上。

民众的各个阶层进入政治生活，现实地说，就是他们日益成为一个统治阶层，这是我们这个过渡时期最引人注目的特点。普选权的实行在很长一段时间里没有多大影响，因此它不像人们可能认为的那样，是这种政治权力转移过程的明确特征。群众势力开始不断壮大，首先是因为某些观念的传播，使它们慢慢地在人们的头脑中扎根，然后是个人逐渐结为社团，致力于一些理论观念的实现。正是通过结社，群体掌握了一些同他们的利益相关的观念——即便这些利益并不特别正当，却有着十分明确的界限——并终于意识到了自己的力量。群众现在成立了各种联合会，使一个又一个政权在它面前俯首称臣。他们还成立了工会，不顾一切经济规律，试图支配劳动和工资。他们来到了支配着政府的议会，议员们极为缺乏主动性和独立性，几乎是堕落成不过是那些选出他们的委员会的传声筒。

群体不善推理，却急于采取行动。它们目前的组织赋予它们巨大的力量。我们目睹其诞生的那些教条，很快也会具有旧式教条的威力，也就是说，不容讨论的专横武断的力量。群众的神权就要取代国王的神权了。

那些与我们的中产阶级情投意合的作家，最好地反映着这些阶级较为偏狭的思想、一成不变的观点、肤浅的怀疑主义以及表现得有些过分的自私。他们因为看到这种新势力不断壮大而深感惊恐。为了反抗人们混乱的头脑，他们向过去被他们嗤之以鼻的教会道德势力发出了绝望的呼吁。他们向我们谈论科学的破产，心怀忏悔转向罗马教廷，提醒我们启示性真理的教诲。这些新的皈依者忘了，现在为时已晚。就算他们真被神祇所打动，此类措施也不会对那些头脑产生同样的影响了，因为他们已不大关心使这些最近的宗教皈依者全神贯注的事情。今天的群众抛弃了他们的劝说者昨天已经抛弃并予以毁灭的诸神。没有任何力量，无论是神界的还是人间的，能够迫使河水流回它的源头。

科学并没有破产，科学从来没有陷进目前这种精神上的无政府状态，从这种状态中产生的新势力也并非它所造成。科学为我们许诺的是真理，或至少是我们的智力能够把握的一些有关各种关系的知识，它从来没有为我们许诺过和平或幸福。它对我们的感情无动于衷，对我们的哀怨不闻不问。我们只能设法和科学生活在一起，因为没有任何力量能够恢复被它摧毁的幻觉。

在所有国家普遍都能看到的各种信号，向我们证明着群体势力的迅速壮大，它不理睬我们以为它过不了多久注定停止增长这种一厢情愿的想法。无论我们的命运如何，我们必须接受这种势力。一切反对它的说理，都是徒劳无益的纸上谈兵。群众势力的出现很可能标志着西方文明的最后一个阶段，它可能倒退到那些混乱的无政府时期，而这是每一个新社会诞生的必然前奏。那么，能够阻止这种结果吗?

迄今为止，彻底摧毁一个破败的文明，一直就是群众最明确的任务。这当然不是只有今天才能找到的迹象。历史告诉我们，当文明赖以建立的道德因素失去威力时，它的最终解体总是由无意识的野蛮群体完成的，他们被不无道理地称为野蛮人。创造和领导着文明的，历来就是少数知识贵族而不是群体。群体只有强大的破坏力。他们的规律永远是回到野蛮阶段。有着复杂的典章制度、从本能状态进入能够未雨绸缪的理性状态的文明，属于文化的高级阶段。群体无一例外地证明，仅靠他们自己，所有这些事情是不可能实现的。由于群体的力量有着纯粹的破坏性，因而他们的作用就像是加速垂危者或死尸解体的细菌。当文明的结构摇摇欲坠时，使它倾覆的总是群众。只有在这个时刻，他们的主要使命才是清晰可辨的，此时，人多势众的原则似乎成了唯一的历史法则。

我们的文明也蕴含着同样的命运吗？这种担心并非没有根据，但是我们现在还未处在一个能够做出肯定回答的位置上。

不管情况如何，我们注定要屈从于群体的势力，这是因为群体的眼光短浅，使得有可能让它守规矩的所有障碍已经被一一清除。

对于这些正在成为热门话题的群体，我们所知甚少。专业心理学研究者的生活与它们相距甚远，对它们视而不见，因此当他们后来把注意力转向这个方向时，便认为能够进行研究的只有犯罪群体。犯罪群体无疑是存在的，但我们也会遇到英勇忘我的群体以及其他各种类型的群体。群体犯罪只是他们一种特殊的心理表现。不能仅仅通过研究群体犯罪来了解他们的精神构成，这就像不能用描述个人犯罪来了解个人一样。

然而，从事实的角度看，世上的一切伟人、一切宗教和帝国的建立者，一切信仰的使徒和杰出政治家，甚至再说得平庸一点，一伙人里的小头目，都是不自觉的心理学家，他们对于群体性格有着出自本能但往往十分可靠的了解。正是因为对这种性格有正确的了解，他们能够轻而易举地确立自己的领导地位。拿破仑①对他所治理的国家的群众心理有着非凡的洞察力，但有时他对属于另一些种族的群体心理，却完全缺乏了解。正是因为出于这种无知，他征讨西班牙②，尤其是俄罗斯，陷入了使自己的力量遭受致命打击的冲突，这注定会使他在短短的时间内归于毁灭③。今天，对于那些不想再统治群体（这正在变成一件十分困难的事情），只求不过分受群体支配的政治家，群体心理学的知识已经成了他们最后的资源。

　　只有对群体心理有一定的认识，才能理解法律和制度对他们的作用是多么微不足道，才能理解除了别人强加于他们的意见，他们是多么没有能力坚持己见。要想领导他们，不能根据建立

　　①拿破仑（Napoleon Bonaparte, 1769~1821），法兰西帝国第一皇帝，法国近代资产阶级军事家、政治家。

　　②1807年末，西班牙国内爆发内乱，拿破仑趁机入侵，并指定他的长兄为西班牙国王。这个举动遭到西班牙人的反对，各地暴乱频发。后来，英国介入，在占领了整个葡萄牙之后，又把法军赶出西班牙。从此，法军陷入东、西两线的作战困境。1809年5月13日，拿破仑亲率法军在东线作战，大败。这是拿破仑亲自统兵以来打的第一次败仗。

　　③在西班牙吃败后，拿破仑一心称霸整个欧洲。此时的俄国成为他的心头大患，因为只有打败俄国，才能进一步迫使英国臣服。但拿破仑显然缺乏攻打俄国的周详考虑，1812年5月，拿破仑率领近60万大军远征俄国，惨遭失败，返回家园的法军仅有3万人左右。法兰西第一帝国由此元气大伤。

在纯粹平等学说上的原则，而是要去寻找那些能让他们动心的事情、能够诱惑他们的东西。比如说，一个打算实行新税制的立法者，应当选择理论上最公正的方式吗？他才不会这样做呢。实际上，在群众眼里，也许最不公正的才是最好的。只有既不十分清楚易懂又显得负担最小的办法，才最易于被人们所容忍。因此，间接税不管多高，总是会被群体所接受，因为每天为日常消费品支付一点税金，不会干扰群体的习惯，从而可以在不知不觉中进行。用工资或其他一切收入的比例税制代替这种办法，即一次性付出一大笔钱，就算这种新税制在理论上比别的办法带来的负担小十分之九，仍会引起无数的抗议。造成这种情况的事实是，一笔数目较多、显得数量很大从而刺激了人们想象力的钱，已经被感觉不到的零星税金代替了。新税看起来不重，因为它是一点一点支付的。这种经济手段涉及目光长远的计算，而这是群众无法做到的。

这是一个最简单的例子。人们很容易理解它的适用性。它也没有逃过拿破仑这位心理学家的眼睛。但是我们现代的立法者对群体的特点茫然无知，因而没有能力理解这一点。经验至今没有使他们充分认识到，人们从来不是按纯粹理性的教导采取行动的。

群体心理学还有许多其他实际用途。掌握了这门科学，就会对大量的历史和经济现象做出最为真切的说明，而离了这门学问，它们就会变得完全不可思议。

　　我将有机会证明，最杰出的现代史学家泰纳[①]，对法国大革命中的事件也理解得非常不全面，这是因为他从来没有想过应当研究一下群体的禀性。在研究这个极为复杂的时代时，他把自然科学家采用的描述方法作为自己的指南，而自然科学家所研究的现象中几乎不存在道德因素。然而，构成了历史的真正主脉的，正是这些因素。因此，只从实践的角度看，群体心理学就很值得研究。即使完全是出于好奇，也值得对它加以关注。破译人们的行为动机，就像确定某种矿物或植物的属性一样有趣。我们对群体特性的研究充其量只能算是一种概括，是对我们的研究的一个简单总结。除了一点建议性的观点外，对它不必有太多的奢望。我们至今所做的，不过是刚刚触及一片几未开垦的处女地的表层而已，其他人会为它打下更完备的基础。

---

①泰纳（Hippolyte Adolphe Taine, 1828~1893），法国19世纪杰出的思想家、文学批评家、历史学家和艺术史家。

目录 | CONTENTS
THE CROWD ASTUDY OF THE POPULAR MIND

第三章 不同群体类型的分类及特点

附 录

乌合之众

THE CROWD

第 一 章

群 体 心 理

第一节 群体的一般特征

── 本节提要 ──

从心理学角度看群体的构成·大量的个体在一起并不足以构成
一个群体·群体心理的特征·群体中个体的情感和思想全部朝向一
个固定方向转变，他们的个性也将消失·群体总是受到无意识因素
的支配·大脑活动的消失及脊髓活动的主导·智力的下降及感情的
彻底变化·变化后的情感会比群体中个体的情感更好或更坏·群体
既易于英雄无畏，也易于犯罪

不管他们是谁，不管他们是干什么的，也不管他们因为什么
凑在一起。一般而言，只要许多人凑在一起，就叫作"群体"。
在现代心理学看来，群体一旦形成，就立即有了一种群体的特
点，这种特点与其中的任何一个人的特点都不相同。

　　然而，所有的群体都是一样的，群体就像是一个活的生物，它有自己的感情，有自己的思想，这种群体中共同的感情与思想，就是所谓的"群体心理"。

　　心理学意义上的群体一旦形成，他就获得了某些临时性的但是可以确定的普遍特征。在这些普遍特征之外，还存在很多与之相辅相成的特殊特征，这些特征由于群体组成要素的差异而各有不同，并且会影响到群体的精神结构。因此，心理学群体的分类比较容易。当我们正视这个问题的时候就会看到，一个异质性群体——也就是由不同要素组成的群体一会呈现出某些与同质性群体——也就是由基本类似的要素（派别、阶层、等级）组成的群体——共同的特征，除此之外，他们还附带着一些共同特征之外的特殊特征，从而能让这两种群体区别开来。

　　但是，在对群体的不同类别进行深入研究之前，我们首先必须先研究他们共有的那些特征。我们应该像自然学家一样开始工作，他们总是从描述一个族系所有成员的普遍特征入手，随后才会专注于那些能够区分这个族系所有成员的具体特征。

　　精确描述群体的心理不是一件易事，因为组织结构的差异不仅来自于种族和构成方式，而且也来自于激发群体的那些因素的性质和强度。然而，同样的困难也会出现在对个体的心理研究之中。只有在小说中，一个人才会以一成不变的性格走完整个人生。只有环境的单一性，才会导致性格表面上的单一性。我曾经在另外的著作中证明了所有的精神结构中都包含有各种性格的可能性，这些可能性会在环境的忽然改变后显现出来。这就解释了法国国民公会中最残暴的成员为什么会是过去那些遵纪守法的公民，他们在正常的情况下，会是平和的公证人员或者品德颇受称道的地方官员。风暴过去之后，他们又恢复了正常的性格，成为了安静、守法的公民。拿破仑就从他们当中挑选到了最驯服的侍从。

这里不可能对各种组织发展程度不同的群体都进行研究，我们只专注于那些已经达到完全组织化阶段的群体。这样我们就会看到群体会变成什么样，而不再是他们一成不变的样子。只有在这个发达的组织化阶段，某些新的特征才会被叠加在种族亘古不变的主流特征上，随后群体会将全部的情感和思想转向同一个方向。也只有在这种情况下，我前面提到过的"群体精神一致性的心理学定律"才会开始发挥作用。

在群体的心理特征中，有一些与孤立的个体是一样的，另外一些则完全相反，为他们所独有，而且只能在群体中产生。我们最先要研究的就是这些特征，以便能够揭示出它们的重要性。

一个心理学意义上的群体所表现出来的最惊人的特征如下：构成这个群体的个体无论是谁，不论他们的生活方式、职业、性格或智力是不是相像，他们变成了一个群体的事实，使他们拥有了一种集体心理，让他们的情感、思想和行为与他们在独处状态下的情感、思想和行为产生了相当大的差异。众多的个体如果不是形成了一个群体，有些思想或情感就不会产生，或者不会将它们转变成行动。心理学意义上的群体是由异质因素形成的暂时性的存在，当他们结合在一起的那一刻，完全就像那些通过重组一个新的存在而形成生命体形式的细胞，与单个细胞所具有的特征非常不同。

与人们在赫伯特·斯宾塞那样机智的哲学家笔下发现的观点完全相反，在形成一个群体的集合中，各个因素之间并不存在任何形式的汇总或者平均求值的情况。实际发生的情况是在组合之后产生出新的特征，就像化学中的某些元素，比如碱和酸结合后形成一种与形成它的那些元素完全不同的新物质一样。要想证明组成群体的个体与孤立的个体之间有多大差异并不困难，而要想找出这种差异的原因就不那么容易了。

要想对它们多少有些认识，首先必须牢记现代心理学已经明确了的真理，即无意识现象不但在有机体生命中，而且在智力活动中，都起着决定性的作用。与无意识的精神世界相比，有意识的精神世界意义不大。最细致的分析者和最敏锐的观察者，也只能找出一点决定着他行为的无意识动机。我们有意识的行为，大部分是由遗传影响所产生的无意识本体的产物。这个本体中包含着世代相传的无数共同特征，它们构成了这个种族的精神。在我们的行为可以说明原因的背后，毫无疑问隐藏着我们没有说明的原因，而在这些原因背后，还有许多我们自己也无从得知的神秘原因。

大部分的日常行为，都是我们无法观察的一些隐秘动机的结果。尤其是在涉及那些形成种族精神的无意识因素方面，属于这个种族的个体都表现得极为相似，而在涉及他们的个性中有意识的因素方面——教育的成果以及更为重要的那些独特的遗传条件，他们却表现出了很大的差异。那些在智力上差异最大的人之间却有着非常相似的本能和情感。在属于情感范畴的每一件事情上——宗教、政治、道德、爱情，等——最杰出的人士不见得能比凡夫俗子高明多少。从智力上说，一个伟大的数学家和他的鞋匠之间可能有天壤之别，但是从性格角度看，他们之间的差别很可能微乎其微，或者根本不存在。正是这些受到我们无意识因素支配的、由种族中绝大部分的普通人以同等程度所拥有的普遍的性格特征，我认为，恰恰就是这些特征变成了群体所共有的属性。在群体心理中，个体的才智被弱化了，他们的个性也相应地被弱化了。异质性湮没在同质性之中，无意识的品质占尽了先机。

群体平常只有普通的素质，这就解释了他为何从来都无法完成那些需要高度智力的工作。由各行业的专家所组成的群体做出的那些影响到大众利益的决定，并不会明显地比一群蠢人的决定更高明。现实的情况是，他们只能用每个普通人与生俱来的平庸素质来处理手头的工作。在群体中，能够累加的是愚蠢而不是天资。如果按照"整个世界"的概念来理解群体，那就根本不像人们通常说的，整个世界比伏尔泰①更有智慧，而是可以肯定地说伏尔泰比整个世界更有智慧。如果群体中的个体仅局限于把他们都具有的寻常素质奉献出来，那么只会导致寻常情况的出现，而不会如我们曾经认为的那样，会创造出新的特征。这些新特征是如何形成的呢？这就是我们现在要研究的问题。

不同的原因决定了这些为群体所独有而孤立的个体并不具备的特征。

第一个原因是本能的力量。首先，仅从数量上考虑，形成群体的个体也会觉得自己获得了一种势不可当的力量，从而敢于随心所欲，但在独自一人时，他一定会有所节制。他会很难约束这样的想法：匿名的群体，以及因此而来的法不责众，让总是约束着个体的责任感彻底消失。

第二个原因是传染现象。它决定着群体特征的表现形式，同时还会影响到他们的倾向性。传染现象的存在很容易证明，但是解释起来却不容易。这种情况应该归类为催眠形式的一种，我们就将对此做一简单研究。在群体中，每种情感和行动都有传染性，而且达到了使个体随时准备为集体利益牺牲个人利益的程

---

① 伏尔泰（Voltaire，1694~1778），法国启蒙思想家、文学家和哲学家。被誉为"法兰西思想之王""欧洲的良心"。

度。这是一种与人的天性截然不同的倾向，除非在他成为了群体一员的情况下，否则他几乎是不会有这种能力的。

第三个原因是暗示。这也是迄今为止最重要的原因，决定了群体中所有个体与孤立个体的特征截然相反。我这里想提醒的是，不要忽略了这种暗示，上面所说的传染造成的恰恰是这个结果。

要想理解这种现象，就必须记住最近的一些心理学发现。现在我们已经知道，通过各种不同的程序，个体可以被带入到一种完全失去人格意识的状态，他会对使自己失去人格意识的操作者唯命是从，会做出一些同他的性格和习惯完全矛盾的举动。最为谨慎的观察者似乎已经证实，个体在融入到群体一段时间后就会发现：要么是因为群体凝聚力的作用，要么是由于一些我们无从得知的原因——自己进入了一种特殊状态，这种状态很像受到催眠的人在催眠师的操纵下所进入的迷幻状态。催眠对象的大脑活动在催眠过程中麻痹了，成为了一个中枢神经没有任何意识的奴隶，一切任由催眠师随意支配，有意识的人格彻底消失，意志和辨别力也丧失了，一切情感和思想都屈从于催眠师的支配。

心理学意义上的群体中的个体差不多也是这种状况。他对自己的所作所为不再有什么意识。他的情况与被催眠者一样，在某些能力被摧毁的同时，另一些能力却有可能得到极大的强化。在某种暗示的影响下，他会因为难以抗拒的冲动而采取某种行动。

群体中所有个体得到的暗示都是同样的，而且是通过相互作用获得力量，我们可以说，在群体中，这种冲动比在受到催眠的状态下更难以抗拒。在群体中，具备强大的个性、足以抵制那种暗示的个体寥寥无几，根本无法抵制这种潮流。他们充其量只能因为另外的暗示改变行动。比如说，正是通过这种方式，在千钧一发之际由某个印象及时唤起的愉悦表情有时候就可以阻止群体最血腥的暴行。

所以，我们看到，有意识人格的消失，无意识人格的得势，思想和情感因暗示和相互传染而转向一个共同的方向，立刻把暗示的观念转化为行动的倾向，是组成群体的个体所表现出来的主要特征。他不再是他自己，而是变成了一个不再受自己意识支配的玩偶。

进一步说，单单是成为了有组织群体的一部分，这就能使一个人在文明的阶梯上倒退好几步。在孤立的情况下，他可能是个有教养的人；但在一个群体中，他是一个野蛮人，也就是一个行为受本能支配的动物。他不由自主、残暴、狂热、表现出原始的激情和英雄气概，令他更像野蛮人的情况是，他甘愿让自己被各种言辞和形象打动。而他在孤立存在时，这些言辞和形象根本不会对他产生任何影响，而且，他会被诱导做出与他最显而易见的利益和最熟悉的习惯截然相反的举动。一个群体中的个体，不过是湮没在众多沙粒中的一颗，可以被狂风吹到任何地方。正是由于这些原因，人们看到陪审团做出了陪审员在作为个体的情况下不会赞成的判决，看到议会通过了每个议员在作为个体的情况下不可能同意的法律和措施。单独分开来看，法国大革命时期的国民公会的成员都是举止温和的开明公民。结成一个群体后，他们却毫不犹豫地支持最野蛮的提案，把完全清白无辜的人送上断头台，而且，完全与自己的利益相左。他们宣布放弃自己神圣不可侵犯的权利，而且自相残杀。

群体中的个体与自身之间的本质差异不只是表现在行动上，甚至在他完全失去独立性之前，他的思想和情感就已经在转变了，这种转变是如此彻底，能够把守财奴变成挥霍者，把怀疑论者改造成信徒，把老实人变成罪犯，把懦夫变成英雄。在1789年8月4日那个著名的夜晚①，贵族们在激潮澎湃的冲动中投票放弃了自己的特权，如果在单独征询的情况下，根本不会有人同意。

从以上讨论中可以得出这样的结论：群体在智力上总是低于单独的个体，但是从情感及其激起的行动这个角度看，群体可以表现得比个体更好或更坏，这取决于周围的环境以及群体所接受的暗示的性质。这就是那些只从犯罪角度研究群体的作家完全误解的地方。毫无疑问，群体通常是罪恶的，但是通常也是英勇

---

①这一天法国废除了封建制。1789年8月4日的晚上，制宪会议为封建特权的留存讨论了一个通宵，史称"8月4日之夜"。

的。正是群体，而不是单独的个体，会冒着生命危险去捍卫一种教义或者思想以取得胜利，会为了荣誉和尊严而激情似火，会像十字军时代① 那样，在几乎没有粮草和武器的情况下，向异教徒讨还基督的墓地，或者像1793年那样捍卫自己的祖国② 。这种英雄主义毫无疑问在一定程度上是无意识的，然而历史正是由这种英雄主义创造的。如果人们只是冷血地做出伟大行动，那么世界史上能够留下他们的记录就微乎其微了。

---

①1096年到1291年，欧洲的天主教国家总共发动了九次宗教军事行动，史称十字军东征（The Crusades）。东征期间，教会授予每一个战士一个十字架，组成十字军。东征的目的就是为了夺回被伊斯兰教徒占领的罗马天主教圣城耶路撒冷。

②1793年1月，路易十六被处决，欧洲各国君主惊恐万分，英、奥、普、西班牙、荷兰等国家组成反法联盟。此时法国国内的保皇党发动大规模的叛乱，致使法军在反法同盟的攻击下节节败退。6月2日，雅各宾派发动政变上台，采取全民皆兵的激进措施，迅速组织起庞大的军队。对内镇压了叛乱，对外接连挫败了各路军队。

第二节 群众的情感和道德观

── **本节提要** ─────────────

（1）群体的冲动、易变和急躁

所有刺激因素都对群体有支配作用，并且它的反应会不停地发生变化·群体不会深思熟虑·种族的影响

（2）群体的轻信和易被暗示

群体受暗示的左右·它把头脑中产生的幻觉当作现实/为何这些幻觉对组成群体的所有个人都是一样的·群体中有教养的人和无知的人没有区别·群体中的个人受幻觉支配的实例·史学著作的价值微乎其微

（3）群体情感的夸张与单纯

群体不允许怀疑和不确定/它们的感情总是走极端

（4）群体的偏执、专横和保守

这些感情的缘由·群体面对强权卑躬屈膝·一时的革命本能不妨碍他们极端保守·对变化和进步的本能敌视

（5）群体的道德

群体的道德可以比个人高尚或低劣·解释与实例·群体很少被利益的考虑所左右·群体的道德净化作用

简要地描述完群体的基本特点后，接下来将研究这些特点的细节。

需要引起注意的是，群体的一些特质，比如冲动、躁动、没有理性、判断力和批判精神的缺席、情感夸张，等，总会出现在进化形态比较低的生命中，例如妇女、野蛮人和儿童。这一观点我只是提及一下，本书不涉及对它的论证和说明。另外，这些内容对已经掌握原始人的心理知识的人没有任何用处，同时又不能让对此一无所知的人信服。

下面，我将按照次序讨论群体的特点——这些特点在绝大多数群体都可以看到。

1. 群体的冲动、易变和急躁

在研究群体的基本特征时，我们知道，无意识的动机几乎完全支配着群体的行为。确实群体的行为基本上不受大脑的指挥，而主要听命于脊椎神经的号令。群体在这个方面与原始人极为相像。

从表象上来看，他们的行动不能不说是完美的，但这些行为不是经由大脑完成的，个人采取行动的方式主要来自于他所受到的刺激。只要是刺激因素，就会对群体发挥控制性的作用，而且这一作用会不停地发生变化。

群体只能算是刺激因素的奴隶。独处的个人在受刺激因素的影响这一方面，与群体中的个体一样，只是他的大脑会对他发出命令——受冲动支配并不可取，由此他规约自己的行为，不受冲动的摆布。用心理学的语言表述这一说法的话就是：独处的个体能够主宰自己的行为，并对这一行为进行反省后做出反应，而群体则不具备这样的能力。

让群体激昂亢奋的因素，主要听从于各种各样的冲动。冲动是大度的，也可以是残忍的，是奋勇的，也可以是怯弱的，但它表现总是极强烈的。因此，个人利益以至于生命存活下来的权利都难以触动它们。

刺激群体的因素有很多，而群体在这些刺激面前总是俯首帖耳，因而群体表现出来的情态也是多种多样的。这可以解释为什么群体在转眼之间就可以从血腥暴力的躁动转变为极度宽容平和，并走向英雄主义。群体的举动可以是刽子手模样的，同样也可以是慷慨赴难、义不容辞的。

群体能够为自己的信念不惜任何代价，即使是流血和放弃生命也在所不惜。

群体到底能做出什么样的举动，要想了解这一问题的答案，其实不必回到过去的英雄年代。在起义时，人们从不吝惜自己的生命。不久前，一位声名卓著的将军① 能够做到登高一呼而应者云集，轻松地聚集起上万人，只要他一声令下，那些人就肯为他的事业抛头颅洒热血。

群体几乎不提前做什么谋划，他们的情绪被挑动起来，而前后可能是完全矛盾的。无论如何，群体中的人们总是受眼前刺激因素的支使。风暴吹动树叶高高飞起，散向各个方向，飞舞着然后重新落在地上，群体中的人们好比这些树叶。接下来，我将讨论革命时期的群体，还会列举出许多群体情绪多变的例子来。

群体有多变性，这让它显得难以驾驭。公共权力一旦掌控在它们手上，事情就变得更加复杂。平日生活中有很多必要的框框会对社会生活形成一种不可见的约束和规定，如果这种约束消失，政治基本上不可能再持续多长时间。另外，群体是不可能长久的，即便它有各种各样的热切愿景，但不具备任何深谋远虑的能力。

群体易冲动而善变。群体像野蛮人一样，对愿景和实现之间的任何障碍都置若罔闻。它不会关注中间存在的这个障碍，因为

---

①指的是布朗热将军（Georges Boulanger，1837~1891），他是普法战争期间普鲁士围攻巴黎时法国军队中的指挥官。在19世纪80年代末期，他曾想利用反日耳曼情绪成为法国的独裁者。但后来新成立的共和国政府以阴谋颠覆国家罪起诉他。后来，布朗热在流亡中自杀。

群体自认为足够强大，一切障碍在它面前都不是什么问题。在群体中的个人看来，根本没有不可能的观念。而孤立独处的个体就很清醒，独自一人时是不能去焚烧宫殿或抢劫商店的，即便有这样的冲动，也很容易把它抑制下去或打消掉。而一旦在他进入群体成为其中的一分子时，他就会意识到人多势众的力量。这种力量足以激发出打家劫舍或烧杀抢掠的念头，并且人们会马上听命于这种冲动。之前所有想到的障碍都会被激烈地毁弃。充足的狂热情绪从人类那里产生，因此当愿景不能实现时，群体累积而成的只剩下这种亢奋的状态。

种族自身的一些特质可以视为我们一切情感的源泉。就像它会影响到我们研究的人们的一切情感一样，群体的躁动、冲动和易变都在种族特质的影响范围之内。毫无疑问，一切群体都是躁动且冲动的，只是程度有所不同。例如，由拉丁民族构成的群体和由英国人构成的群体，这两者之间的差别就十分明显。还有法国发生的历史事件可以为此提供一个生动有趣的案例。在25年前，仅仅是一份电报——据说一位大使遭到了侮辱一经公布结果就让民众暴怒，紧接着引起一场骇人的战争①。几年之后，又是一

①普鲁士为了统一德国，分别在1864年和1866年击败丹麦和奥地利。法国却在幕后操控南德意志诸邦，阻碍德国的统一。在普鲁士首相俾斯麦的策动下，以西班牙王位继承问题为借口制造争端。7月19日，法国向普鲁士宣战，普法战争爆发。

份电文关于谅山一次意义不大的失败，又引燃了民众的怒火，政府为此而立刻垮台①。与此同时，英国远征喀土穆遭到了严重的失败，这件事在英国的反响却只是微波荡漾而已，人们的情绪没有巨大的波动，甚至内阁大臣都没有被解职。各地的群体多少都会有些女性气质，其中由拉丁族裔组成的群体女性气质最重。只要能赢得他们的信任，你的命运会立马为之改观，但不要为此高兴太早，现在的你好比在悬崖边上闲庭信步，未来的一天必定会掉到深渊之中。

2. 群体的轻信和易被暗示

在对群体进行定义时，我们说它的一个普遍特性是特别容易接受人的暗示，并指出这一感染程度在人类群体中能达到的位置。这一实情可以对群体情感的突然转向做出合理的说明。也许人们说这并不怎么重要，其实，群体一直都是这样一个状态——时时在期待被关注，因而它极容易受人暗示。最开始只是一个示意，经过相互感染，很快就进入到群体中所有人的头脑之中，于是一个事实即刻降临，群体一致的倾向性情感得以形成。

在暗示的影响之下，每个个体的表现都一样，即意念一旦进入头脑就很容易变成行动。无论是去放火烧毁宫殿，还是牺牲自

①1885年，冯子材率兵取得镇南关大捷，歼敌2000余人，接着又取得谅山大捷。法国茹费理内阁因此倒台。

己的生命，群体都会毫不顾惜。与独立的个人不同，群体的所有
行动都取决于刺激它的因素，还取决于一种关系，这种关系就是
接受暗示而采取行动和理性之间的博弈，理性思考很可能与采取
的行动是尖锐冲突的。

由此可知，群体就徘徊在一个无意识的领域中，时时对所有
暗示都可能闻风而起，理性不能发挥什么影响，像生命有了一往
无前的激情，丧失掉一切省思的能力，极度轻信之外，再没有任
何别的东西。任何事情在群体中间都有可能存在和发生，明白了
这点，就会理解为什么编织虚无的神话故事，并使之传播开来的
力量有那么大，这是我们必须谨记的。①

神话在群体中间一般都可以轻易地传播开来，之所以如此，
除了群体极度轻信之外，还有就是事情在经过群体的想象之后，
已经发生了奇妙的变化。一件最简单的事情，即便是在群体的眼
皮底下发生的，不久也会变得纷繁复杂难以辨认。群体用一个个
具体的形象来思维，而形象自身立刻会牵出一系列的形象，实际
形象之间并没有任何逻辑关系。这一点并不难理解，比如，有时
我们的脑海中浮现出一件事情，据此我们会产生一系列的幻象。

---

①关于群体轻信的实例有很多。那些在巴黎遭受围困期间生存的人，对这种事例一定
不陌生。即使楼顶上出现一丝烛光，立刻就会引起大家的群起而攻之。因为他们认
为那是围攻者发出的信号。而事实上并非如此，因为当人们远在数千里之外，怎么
可能看得到那丝烛光呢？只要稍微动下脑子，就不会犯下这种错误。

我们都有理性思维，知道两者之间没有任何关联，但群体对这一事实毫不在意，混淆幻象和实际情形之间的不同，也不在主客观上加以分别。群体会把脑海中呈现出来的幻象当成现实发生的事情，其实经过观察会发现两者间的关系只是微不足道的。

群体会扭曲自己亲眼所见的事情，表面看起来，它采取的方式和途径不仅多而且杂乱，还缺乏一致性，这些好像都是因为组成群体的个人喜欢不同造成的，但实际情况并非如此。群体间的感染是相互的，作为最终的结果，不仅事情受到的歪曲是一样的，连群体中每个人的状态也是相同的。

群体当中的某个人对真实情况的第一次扭曲，可以视为感染性暗示过程的第一步。在所有的十字军官兵面前，耶路撒冷墙上的圣·乔治①出现了，在此之前，在场的人群中肯定会有一个人首先看到圣·乔治在那里。这一暗示交互感染，推波助澜，把一个人幻想出来的奇迹在最短的时间内让所有在场的人都接受并认可。这一类的集体幻觉在历史中反复出现，但发生的机理始终如一。这种幻象说来具有所有真实可靠的特征，似乎应该得到所有人的认可，因为成千上万人都目睹到了这一景象。

如果要反驳上述现象，群体中的个人的智力因素大可不必考

①圣·乔治（Saint George），约公元260年出生于巴勒斯坦，为罗马骑兵军官，曾试图阻止对基督教徒的迫害，在公元303年被杀。

虑在内。这一因素一点儿也不重要。自从他们成为群体的一员，博学多能之士和笨蛋一起不再具备观察能力。这一主张好像不通情理。只有对大量的史实进行深究才能打消这个疑虑，如果不是这样，即使你撰写出多少本论著也不会如愿以偿。

我不愿意让读者觉得这些看法是没有实证的。为此，我举出几个实际的例子来——它们是随机挑选出来的，其实有无数个例子可以拿来引用。

下面这个实例最为典型，其中的集体幻觉让一个群体为之毁灭。这群人中有最无知的，也有最博学的。朱利安·费利克斯，一位海军上尉，曾在他撰写的《海流》一书中不经意间提到这个事例，《科学》杂志之前也引用过。护航舰"贝勒·波拉"号正在外海游弋航行，目的是找到"波索"号巡洋舰。两者在之前的一场大风暴中走散了。当时是一个大白天，阳光明媚，一个值勤的士兵突然看到远处一艘船正在发出遇难信号。沿着信号标示的方向望去，所有官兵都清楚地看到一只船拖着一个木筏，上面载的都是人。然而，这只是一种集体幻象。德斯弗斯上将放下一条船，打算去营救那些遇难者。船上的官兵在接近目标时，耳闻目睹的景象是"一大群人还活着，他们在伸手，有许多混杂在一起的声音，哀号声清晰可闻"。但就在靠近目标时，除了找到一些挂满树叶的树枝外——它们显然是从附近海岸漂过来的，船上的人员发现自己别无所获。事情已经再清楚不过了。只是在此时，人们的幻觉才得以消失。

透过这个实际的案例，之前曾说过的集体幻觉的机理可以清晰地看出来。一边是一个在期待中的群体，他们在守望着；一边是一个暗示，值勤人员所发现的海上遇难船只发出的信号。经过相互的感染，当时所有的官兵都接受了这样一个暗示。

眼睁睁看着的事情遭到了歪曲，真实的情形被不相关的幻象遮蔽了。这样的状况降临到一个群体中间，群体的数量不一定需要太多。几个人能聚集在一起，这就是一个群体。哪怕组成群体的成员都是饱学之士，除了他们有自己的专长之外，这个群体同样会表现出一切群体所具有的特征。他们每个个体身上具有的观察力和反省精神立马会消失殆尽。敏锐的心理学家达维先生提供了一个特别有意思的案例，我们可以在这里对相关的问题进行进一步的讨论。

新近出的《心理学年鉴》曾提到过这个案例。达维先生召集了一群优秀的观察家聚在一起，这里边有英国最著名的科学家之一华莱士先生。首先让他们验审物品，并按自己的意愿做好标记，然后达维先生在他们的面前演示精神现象，即灵魂现形的全过程，与此同时让他们把这一过程记录下来。这批优秀的观察家一致同意，他们所看到的现象只能用超自然的手段获得。达维先生对他们说，这样的一个结果只是由再简单不过的欺骗伎俩造成的。

　　"在达维先生的研究成果中，最让人感到惊讶的那部分，"这份文献资料的作者说，"不是骗术有多神奇，而是置身其外的观察者提供出来的结论报告是那么的虚妄不实。"他说："很显然，即便目击者为数众多，他们也会提出完全不实的事理联系。然而，他们的结论会是这样的，假如认定他们的描述是正确无误的，那么他们所描述的现象便不能用骗术来解释。达维先生率先采取这样一个简单的方法，以至于人们对他采用这些方法感到很吃惊。但他确实拥有支配群体大脑的能力，他有能耐让他们相信，他们看到的事情其实自己根本没有看到。"

　　我们在这里遇到的这种能力，不外乎是催眠师对被催眠者的本事。由此可见，即使是一个头脑无比严谨，先入为主地秉持着怀疑精神，这样的一种能力对它仍可以屡试不爽。由普通人组成的群体因为遭遇到这种能力而误入歧途，也就算不得什么新鲜事了。与之相似的例子为数不少。

　　在我撰写这些文字的同时，报纸还在连篇累牍报道两个小女孩在塞纳河溺水身亡的事情。有五六个目击者言之凿凿，说他们认出了这两个孩子。所有的证词都惊人地一致，容不得预审法官再有任何的疑虑，法官签署了死亡证明书。但就在为两个孩子举行葬礼之时，一个偶然的事情发生了。它让人们发现原本以为已经死去的人其实还活着，并且她们的外表和溺水死去的两个孩子相差很大。

与前面举的例子相仿，第一个目击者自身就是幻觉的牺牲品，而他提供的证词对其他目击者形成了举足轻重的影响。这一类的事件中，暗示往往来自于幻觉。而这个幻觉一般是从人的模糊不清的记忆中生发出来。最开始出现的幻觉在得到肯定之后，就相应地引发相互感染。假如第一个目击者没有任何的主见，他相信这一尸体自己已经辨认出来了。尸体此时往往会显现出一些特征——除去所有实际上的相似处不算，比如好像是一块伤疤，或是一些服饰的细节，所有这些都容易引起其他人的认同感。建立在这一基础上的认同感，就是一个肯定过程的核心。一切的理解力和判断力都会在它的面前俯首称臣。目击者此时看到的，不再是那个客观存在的物体自身，而是他头脑中所产生的幻象。报纸报道过诸多往事，在它记录的事例中，孩子的尸体竟然会被母亲认错。其实，这也可以得到相应的解释。我刚才提到的两种暗示在这类现象中一定可以找得到。

另外一个孩子认出了这个孩子，然而他弄错了。接下来又是一个没有根据的辨认过程。一件奇怪的事情发生了。就在同学辨认尸体的第二天，一个妇女大喊："天哪，那是我的孩子。"

她走近尸体，仔细察看他的衣服，接下来看到他额头上的伤疮。

"他肯定是我的儿子，"她说，"他在去年七月失踪。他一定是被人拐骗走杀害了。"

　　这个妇女是福尔街的看门人，姓夏凡德蕾。她的表弟也被喊过来。当问到他时，他说："那是小费利贝。"一起居住在这条街上的好几个人，也认出了在拉弗莱特找到的这个孩子就是费利贝·夏凡德蕾。这其中还有这个孩子的同学，根据那个孩子佩带的一枚徽章而得出结论。但邻居、表弟、同学和母亲全错了。六周之后，那个孩子的身份得到了确认。孩子是波尔多人，他在那里被人杀害，又被人运送到巴黎。

　　必须说明的是，发生这种误认事情的通常是妇女和儿童。他们是最没有主见的。这个例子告诉我们，这一类的目击者在法庭上应该具有什么样的价值。尤其是儿童，他们提供的证词绝不能当真。地方管理者最爱说孩童吐真言。其实，哪怕他们只要有一点基本的心理学常识，他们就该明白，事与愿违，儿童一直都在说谎。当然，这样的谎言是无辜的，但不可否认它仍是一种谎言。回顾那些经常发生的事例，一个被告的命运如果靠的是孩子提供的证词，倒还真不如以扔钱币的方式来决定谁是谁非。后者或许更合理一些。

　　下面，再来讨论群体的观察能力这个问题。我们得出的结论是，集体进行的观察很可能会出错，它描述的通常是个体的幻觉。这一幻觉在感染的过程中深深地影响群体中的其他人。应当明智地认识这样一个事实，太多的例子都在说明群体的证词根本不值得信赖。它不可靠的程度甚至是无以复加、不可想象的。25

年前，在色当战役^①中有数千人加入到著名的骑兵进击当中。但如今看到的目击者的证词是最矛盾的，从中我们甚至根本无法得知指挥此役的人是谁。沃尔斯利爵士，一位英国将军，在他最近的一本书中表示，至今还有人对发生在滑铁卢战役中的最重要的事件还在犯极为严重的实质性错误。这些实质性的错误曾经有数百人证明过——它们是事实^②。

这些事实向我们说明了群体提供的证词的价值是什么。一篇讨论逻辑学的文章如果有无数证人一致认可，那么它即可用来支持证明事实的确就是如此。然而，我们目前对群体心理学的认识，让我们在这一问题上必须重新加以考虑。一个事件如果受到的怀疑程度最深，那它肯定是参与观察的人数最多的。当人们说

---

①发生于1870年9月1日的普法战争时期。普法军队在色当进行了一场会战，最后法军战败，拿破仑三世被俘。

②假如发生了一场战争，它到底是什么导致的，我们会很清楚吗？我相信，没有多少人会清楚。我们能知道谁入侵了谁的已经很不错了。德哈考特先生曾经参加过索尔费利诺战役，亲眼目睹了整个战争的过程。他是这样表述的："在对数百位目击者询问之后，将军们提出了作战方案。文件被送到勤务官那里进行修改。勤务官经过一番修订，将它以正确、易懂的文字方式呈现出来。之后还要经过参谋长这一关。参谋长提出了不同的意见，几乎重新写了一遍。最后终于到了元帅手里。谁知，元帅看过之后说了一句'所有的人都错了。'接着就动笔重新拟订，于是一份新文件出台了。而最初那份报告中的内容已经无处可寻了。"虽然德哈考特描述的只是一场战争，而这样的事实却在所有的战役中都出现过。德哈考特的表述只是为了证明，确定一件事情的真相是很难的。也就是说，即使它在你的记忆中印象最深刻，或者你已经经过了最仔细的观察，也未必能获得它的真相。

一件事情同时被数千个目击者证实过，这常常是在告诉我们——公众认定的描述和事情的真相远不相符。

从上述情况，我们可以得出这样一个明确的结论，史学著述完全就是想象的一个产物。它对事情的观察是有误的，所做的记述是毫无根据的，其中还夹杂着主观思考的结果和解释。花时间撰写这样的作品完全是在浪费生命。幸亏历史为我们遗留下了文学、艺术和不朽的作品，否则我们对过去的真相就会两眼一抹黑。那些曾经在人类历史上发挥过巨大作用的伟大人物，如赫拉克利特①、释迦牟尼，关于他们的生平，我们有哪怕一句真实的记载吗？极有可能是一句也没有。不过，实际的情形是，他们的生平有无真实的记载对我们来说并不重要。最为重要的是，我们想知道这些伟人在民众的神话中的形象是什么样的。神话故事中的英雄能触动群体的心灵，而实际生活中的英雄则不能。

神话被明白无误地记述在书籍当中，但它们却不能说是固定不变的，这是一种不幸。时光在逝去，特别是因为种族的兴衰起伏，群体的想象力一直在不断地改变着它们。《旧约》中残暴的耶和华，与圣德肋撒②所爱的上帝有极大的不同。中国人顶礼膜拜的佛陀，和印度人尊崇的佛祖的共同之处也不多。

---

①赫拉克利特（Heracletus，约前540~前470），古希腊哲学家。
②圣德肋撒（Saint Therese，1873~1897），法国著名的天主教修女。

　　讲述英雄的神话，会因群体想象力的不同而有所不同，这使得英雄远离了我们的生活。这样的改变用不了数百年的时间，有时就在几年之内。在属于我们自己的这个时代，我们看到在不到50年的时间内，可以称得上历史上最伟大的人物的神话已经发生多次的嬗变。在波旁王朝的统治下，拿破仑属于简朴的、自由自在的、无拘无束的慈善家，一个低贱者的友人。在诗人看来，他必定会长时间地存活在乡村民众的记忆当中。这个英雄曾经稳健安详，但在30年后转而成为一个嗜杀的暴君，他攫取权力，毁灭自由。这一切仅仅就是为了满足一己之私欲，300万人也因此而丧失自己的生命。

　　今天，这个神话在我们的视野里又开始发生变化。数千年过后，想必那些将来的智者面对这些矛盾，都会怀疑这个时期是否有过这样一位英雄，正如释迦牟尼在今天遭到一些人的质疑一样。在他的身上，未来的人们看到的只会是一个奇迹般的神话，或者是在上演一部赫拉克勒斯^①式的传奇。这种没有确定性的状况，他们肯定会于心无碍，不再旁生枝节，因为他们可能会比今天的我们更懂群体的特性和心理状态。他们明白历史留存记忆的能力是有限的，除了神话之外，它把其他的都会毁弃掉的。

---

　　①赫拉克勒斯（Heracles），希腊神话中最著名的英雄之一，宙斯与阿尔克墨涅之子，力大无比的英雄，因完成赫拉要求的十二项任务而获得永生。

3. 群体情感的夸张与单纯

群体情感最鲜明的特点就是：极简单，言过其实。无论群体表现出的情感是好的，还是坏的，总而言之，群体中的个人与原始人非常相像。因为，原始人会把事情当作一个整体来看待，不再做更细致的分别，事情的中间状态往往会被忽略掉。这样的一个事实也会增强群体情绪的夸张倾向，即任何一种情感一旦表现出来，由于暗示和感染的作用会迅速地传播开来，因此这一情感明确认可的那个对象的力量就会大大增加。

群体情绪的简单化和夸张会造成这样的一个结果，一群人既不去质疑什么，也不去确认什么。他们像女人一样，不分时间和地点，即刻就会走向极端。猜疑一经宣布就会立刻成为无可争议的证据。假使是个体，即使再反感或不愿意，也不会表现出什么反抗之力，然而，如果发生在群体中的个人身上，他可能立马会变得狂怒。

群体情感的暴力倾向在丧失掉责任感时会得到增强，这在异质性群体中间尤其如此。当知道了自己肯定不会受到惩罚，特别是在人数众多时，人们激发出来的力量感，会使群体呈现出孤立的个体不可能有的情绪和行为。此刻，群体的暴力特性就非常明显。群体中的笨蛋、无知者和妒忌之人，为从自己的卑微和无能为力的感觉中解放出来，内心会被一种兽性的感觉占据，虽然它很短暂，但力量却是巨大的。

　　群体的夸张倾向，很不幸常常会对卑劣的情感发挥作用。这些情感来自祖先的本能，经过世代遗传但还残留在我们的身上。独处的个体如果有责任心，他会因为担心受到惩罚而对这些情感严加管束。而群体则不然，能够轻而易举地引发出最坏的事端。

　　然而，群体还是有能力去表现出英雄主义、献身精神或最高尚的美德的。这需要透过曲折微妙的影响力。群体甚至可以比孤立的个体更能表现出这些品格。在接下来对群体道德进行探讨时，我们会回答这个论题。

　　群体总会把自己的情绪放大，由此，它只会被极端的情感打动。

　　一个演讲者要想打动听众，必须学会强词夺理，滥用断言。像夸大其词、断言、重复是常用的手段，而绝不采用推理的方式去证明任何事情。以上这些方法都是演讲者在公众集会上经常使用的论辩技巧。此外，一个群体对自己的英雄主义情感和情绪，同样渴求能夸大其实。英雄表现出的品行和美德总是被夸大。舞台上的那些英雄，观众要求他们所具有的勇气、道德和优秀品质，其实在现实生活中是找不到的。

　　在剧场里对事物进行观察时，可以获取一个很特别的立场。这一点毫无疑问是相当重要的。这样一个立场无疑是存在的，但它的规则在很大程度上与常识和逻辑没有什么关系。能够吸引观众的艺术作品自然都是等而下之的货色，但这需要一种独特的天资。只是通过阅读剧本来判断一出戏能否成功，一般来说是不可能的。剧院的负责人在接手作品时，他们自己对剧目能否取得成功，通常来说做不出一个准确的判断。要做判断，他们必须要把自己转换为群体性质的观众。①

此时，我们可以再有一个更广泛的解释，来说明种族因素有占主导地位的倾向。一部歌剧在一个国家的民众中间激发了不尽的热情，而在另一个国家却没有获得成功，或者只取得了一部分的成功，或者不得要领反映平平。这是因为这部歌剧自身不具备可以对后者国家的公众起作用的影响力。

群体倾向于夸张，并且这一夸张只对情绪有用而对智力不发生任何影响，这一点我不需要再加以补充说明。我已经表达了这样的一个见解，个人只要成为群体中的一员，他的智力水平就会

---

①我们知道，一些优秀的作品曾经被所有的剧院再三地拒之门外，有一天突然出现在舞台上，令人震惊的是居然获得了巨大的成功。比如科佩的《为了荣誉》，曾经被巴黎大部分歌剧院拒绝上演长达十年之久，最近却奇迹般地获得了成功（当然其中有作者的声望因素）。还有一部叫作《夏莱的姨妈》的歌剧，曾经被所有剧院拒绝上演。后来，一位股票商人看中了它，答应为其出资，这才使得它与观众见面。令人意想不到的是，这部歌剧在法国上演了200多场，而它在英国伦敦的受欢迎程度更甚，达到了1000多场。那些剧院的负责人最有资格判断一部歌剧的优秀与否，而且他们自己也担心会犯什么样的错误，但是结果他们还是失误了。原因到底是什么？加入没有上面的叙述（剧院负责人无法代替观众），我们是无法理解这一事实的。但是，在这里，我不能就这个话题展开讨论，而那些对剧院行事风格十分熟悉的作家，假如也具备心理学方面的知识，就应该去深入研究这个问题。

急剧下降。塔尔德先生是一位有学问的地方官员，他在研究群体犯罪时证实了这个观点。仅仅对于情绪，群体能够把它哄抬到极高的境地，或者完全相反，把它拉到极低的处境。

4. 群体的独裁、专横和保守

群体只有简单而偏激的情感。对给他们的观点、想法和信念，群体或者完全接受，或者全部拒绝，并视之为绝对真理或一无是处的一派胡言。事情总会这样，尤其当一种信念是用暗示的方式引导出来而不是由理性推论造就时。我们都清楚这样一种偏激——它与宗教信仰如影随形，专横地统治着人的头脑。

什么是真理，什么是谬误，群体对之持有疑虑之心。另一方面，群体对自己的力量有清晰的认识，于是群体倾向于为自己的激情和独裁加上权威的印象。个体能接受反驳的建议并对之进行讨论，但群体绝不这么干。在公众集会的场合，演讲者即便有一个最轻微的反驳，立刻就会招来狂暴的怒吼和粗野的谩骂。如果演说者还坚持自己的观点的话，接下来便是殴打和驱逐。如果没有权威代表（它是一个约束性因素）在场的话，毫无疑问，反驳者经常会被置于死地。

专横和独裁是所有种类群体共有的，只是在程度上有所不同而已。在这个问题上，种族的基本观念再次显示出它的重要性，即种族支配人们的情感和思想。特别是在拉丁民族的群体中，暴横和独裁可以发展到无以复加的地步。拉丁民族群体的暴横和独裁，已经发展到完全破坏了盎格鲁·萨克逊人原本具有的强烈的个体独立精神。拉丁民族的群体所关心的独立，只是自己所属的那个宗派的集体独立性。他们对独立的认识有一个特色，就是需要让那些与他们意见不同的人，直接且全情投入地服从自己的信念。在拉丁民族中，自宗教审判时代以来，各时期的雅各宾党人对自由的认识都是相同的。

专断和独裁是一种强烈的情感，群体对此有明确的认识。这种感情很容易生成，而且当他们被强加这一情绪时，他们乐观其成并随时付诸实践。群体对暴力展现出温顺、尊敬的一面，却很少为仁慈心动，因为在他们看来，这些做法不过是软弱可欺的另外一种形式而已。他们的同情心不会给和风细雨的主人，而会献给那些无所不用而且极其欺压他们的暴君。接下来，最高大的雕像还要为这些人塑起。是的，他们会欣然地去践踏那些专制的暴君，那是因为对方垮台了而且已经变为一介平民。他们之所以蔑视那些暴君，是因为暴君不再让人感到害怕。英雄的典范，在民众的心里，永远是像恺撒一样。他的徽章吸引着他们，他的权力震慑着他们，他的剑让他们畏惧不已。

群体随时准备着去反对弱小无力者，而对强势的权威则奴颜婢膝。在断断续续的强权面前，群体总会受极端情绪的支配而摇摆不定，因而表现出反复的状态，从目无法纪到卑躬屈膝，从卑躬屈膝再到目无法纪。但是，如果你认为群体中的革命本能占据主导位置，这说明群体的心理完全被曲解或误解了。之所以在这件事上我们会犯错，是因为群体有暴力倾向。群体的反抗和破坏在爆发出来时，总是十分短暂。群体几乎完全被无意识因素支配着，因而容易屈从于长时期形成的世俗的力量，并且不会极度地保守。如果放纵他们，很快会对混乱无序感到厌烦，本能地转向奴性。就在波拿巴压制一切自由时，就在波拿巴向所有人挥动铁腕时，雅各宾党人竭尽全力向他发出欢呼，而之前雅各宾党人则是最狂妄自大和最桀骜不驯的。

如果你认识不到群体所具有的强烈的保守本能，就难以真正理解历史，尤其是大众革命。确实如此，他们渴望改朝换代，并且为能有这样的改变，时常会发动暴力革命。但制度的本质是种族需要世袭传统的一种表达，因而它们不可能总是被坚守。

群体一直都存在的多变性，只会影响到十分外在的事情。实际上，他们像所有的原始人一样，把拥有的保守本能视为不可触碰的。他们对一切传统的迷信和尊重是绝对的，对所有的新生事物有可能会改变他们的基本生存状态，则深深地怀着一种无意识的恐惧。

5. 群体的道德

很显然，假如"道德"的范畴是长时段内对特定社会习俗的尊重，且持续地对私心私利冲动的抑制，那么我们可以说群体根本算不上是道德的。因为，它倾向于冲动和多变。相反，如果把

"道德"的内涵理解为特定时刻表现出的品格，例如牺牲自我、勇于奉献、不计名利和吁求平等，我们不能不说群体表现出的道德境界常常是很高的。

少数心理学家研究过群体，但他们只关注群体的犯罪行为。他们注意到群体的犯罪行为经常发生，于是得出的一个结论：群体的道德水平很低。

这一情况当然是存在的。但为什么会呈现出这样一种情形呢？原始时期的人所具有的野蛮和破坏性的本能被传承过来，它潜伏在我们每个人的身上。单个的个体在生活中是不可能满足这一本能的，因为这是十分危险的，而当他加入到没有责任感的群体，并预判到自己不会受到惩罚时，就完全地释放这一本能。在生活中，破坏性的本能当然不能施向自己的同类，于是就在动物的身上发泄。群体在捕猎时表现出来的热情与凶残，与之同根同源。群体会慢慢地杀死没有反抗能力的落难者，这种残忍手段看起来十分怯弱。但是哲学家却认为，这种残忍和几十个猎人聚在一起，用猎犬追捕并杀死一只不走运的鹿时表现出的残忍，两者之间的关系异常紧密。

群体既能够做到无恶不作，又能做到举动极为高尚，例如献身、牺牲和抛却名利——这是独处的个体根本做不到的。以名誉、荣耀和爱国主义做旗号，对群体中的个人影响最深，甚至可以让他们不惧死难。类似于十字军远征和1793年的志愿者，这样的事例在历史上不胜枚举。只有集体才能够产生伟大的献身精神，人们可以为之而置名利于不顾。群体可以为自己将信将疑的信仰、信念而不惧死亡并放弃生命，这样的事例有多少啊！人们持续举行示威，或许不是为了要求增加薪水来维持生计，最有可能是为了听命于一个号令。而独立的个体开始行动时的唯一目的，几乎只有私人的利益，而这却很难成为群体运动的动力。有多少次的战争都是人们难以理解的，其中支配群体的绝不可能是一己之私。在这种战争中，人们甘愿肝脑涂地、遭人杀戮，此时的每个人都像小鸟一样被猎人催眠了。

常常会有这样的情形出现，他们即便是一帮凶神恶煞一样的恶棍，只因为组成了一个群体，其中的每个个体也会在短时间内表现出严格遵守道德纪律的风尚。泰纳提到过这样一个事实值得我们加以关注，完全可以解释群体不是受一己之私的诱惑：九月大屠杀中的暴徒把钱包和钻石——这是他们从那些死难者身上翻找出来的——摆放在会议的桌子上，其实他们完全可以轻易把这些东西放到自己的口袋里归为己有，但他们没有这么做。1848年革命期间，人们攻占了杜伊勒里宫，但只是匆匆走了一遍，而没有去攫取里边的物件，本来这些东西是让他们心潮澎湃的，因为其中的任何一件都足以让他们维持很长一段时间的生计。

群体对其中的个体有一种道德净化的作用，但这注定不是一种常态，然而事例也是经常出现在我们眼前的。即便在一个宽松的环境和氛围下——不像刚才我提到的那么激烈严酷，我们也可以看到类似的事情发生。前面提到过，剧院里的观众会对上演的作品有一个渴求，沿望其中的英雄形象的道德是高不可及的。一般来说，一次集会，即便组成人员的品行低劣，我们通常也会看到他们表现得有模有样。一个浪荡子、一个靠妓女养活的皮条客，或者一个干脆就粗鲁至极之人，一旦进入到没什么危险的情景或谈话中，也会一下子变得轻声细语，也许与他们惯常的谈话相比，这种情境是不会造成什么伤害的。

虽然群体经常自暴自弃地回到低级的本能状态，他们还是不时地会确立起崇高道德行为的典范。如果无私、放弃和绝对献身于真实或虚幻的理想都算是美德的话，那么可以说群体一直都具备这样的美德，甚至这一美德的水平即使最贤良的哲学家也达不到。毫无疑问，他们在无意识地践行这些美德，但这不重要。对群体被无意识因素主导，不进行理性思考，我们都不能抱怨太多。在特定的情况之下，如果他们开始思考算计自己的直接利益，那么根本不会有文明之树在我们这个星球上生长出来，人类将没有属于自己的历史了。

乌合之众

第三节 群体的观念、推理与想象力

—— **本节提要** ——————————————

（1）群体的观念

基本观念和次要观念·相互矛盾的观念为何能够并存·高深的观念必须经过改造才能被群众所接受·观念的社会影响与它是否包含真理无关

（2）群体的理性

群体不受理性的影响·群体只有十分低下的推理能力·它所接受的观念只有表面上的相似性或连续性

（3）群体的想象力

群体有着强大的想象力·群体只会形象思维，这些形象之间没有任何逻辑关系·群体易受神奇事物的感动，神奇事物是文明的真正支柱·民众的想象力是政客的权力基础·考察能激发群体想象力的方式

1. 群体的观念

我们在前一本著作研究群体观念对各国发展的影响时已经指出，每一种文明都是屈指可数的几个基本观念的产物，这些观念很少受到革新。我们说明了这些观念在群体心中是多么根深蒂固，影响这一过程是多么困难，以及这些观念一旦得到落实所具有的力量。最后我们又说，历史大动荡就是这些基本观念的变化所引发的结果。

我们已经用大量篇幅讨论过这个问题，因此我现在不想旧话重提。这里我只想简单谈谈群体能够接受的观念这一问题，以及他们领会这些观念的方式。

这些观念可以分为两类：一类是那些困于一时的环境影响来去匆匆的观念，比如那些只会让个人或某种理论着迷的观念；另一类是基本观念，它们因为环境、遗传规律和公众意见而具有极大的稳定性。如今，被我们的父辈视为人生支柱的那些伟大的基本观念，正在摇摇欲坠。它们的稳定性已丧失殆尽，同时，建立于其上的制度也发生了严重的动摇。每天都在形成大量我刚才说过的那种过眼烟云一般的观念，但是看来它们很少具有生命力并很少能够发挥持久的影响。

给群体提供的无论是什么观念，只有当它们具有绝对的、毫不妥协的和简单明了的形式时，才能产生有效的影响。因此它们都会披上形象化的外衣，也只有以这种形式，它们才能为群众所接受。在这些形象化的观念之间，没有任何逻辑上的相似性或连续性，它们可以相互取代，就像操作者从幻灯机中取出一张又一张叠在一起的幻灯片一样。这解释了为什么能够看到最矛盾的观念在群体中同时流行。随着时机不同，群体会处在它的理解力所及的不同观念之一的影响之下，因此能够干出大相径庭的事情。群体完全缺乏批判精神，因此也察觉不到这些矛盾。

这种现象并不是群体所特有的。根据不同的场合，这一套或那一套观念就会表现出来，并伴之以相应的言谈举止，这会让同一个人显得极为矛盾。不过，这些矛盾与其说真正存在，不如说只是一种表面现象，因为只有世代相传的观念才能对孤立的个人产生足够的影响，变成他的行为动机。只有当一个人因为不同种族的通婚而处在不同的传统倾向中间时，他的行为才会不时表现得截然对立。这些现象虽然在心理学上十分重要，不过在这里纠缠它们并无益处。我的意见是，要想充分理解它们，至少要花上十年时间周游各地进行观察。

观念只有采取简单明了的形式，才能被群体所接受，因此它必须经过一番彻底的改造，才能变得通俗易懂。当我们面对的是有些高深莫测的哲学或科学观念时，我们尤其会看到，为了适应群体低劣的智力水平，对它们需要进行多么深刻的改造。这些改造取决于群体或群体所属的种族的性质，不过其一般趋势都是观念的低俗化和简单化。这解释了一个事实，即从社会的角度看，现实中很少存在观念的等级制，也就是说，很少存在着有高下之分的观念。一种观念，不管它刚一出现时多么伟大或正确，它那些高深或伟大的成分，仅仅因为它进入了群体的智力范围并对它们产生影响，便会被剥夺殆尽。

不过从社会的角度看，一种观念的等级价值，它的固有价值并不重要，必须考虑的是它所产生的效果。

甚至当一种观念经过了彻底的改造，使群体能够接受时，它也只有在进入无意识领域，变成一种情感——这需要很长的时间才会产生影响，其中涉及的各种过程，我们将在下文予以讨论。

切莫以为，一种观念会仅仅因为它正确，便至少能在有教养者的头脑中产生作用。只要看一下最确凿的证据对大多数人的影响多么微不足道，立刻就可以搞清楚这个事实。十分明显的证据，也许会被有教养的人所接受，但是信徒很快就会被他的无意识的自我重新带回他原来的观点。人们将看到，过不了几天他便会故态复萌，用同样的语言重新提出他过去的证明。实际上他仍处在以往观念的影响之下，他们已经变成了一种情感；只有这种观念影响着他们的言行举止最隐秘的动机。群体中的情况也不会例外。

当观念通过不同的方式，终于深入到群体的头脑之中并且产生了一系列效果时，和它对抗是徒劳的。引发法国大革命的那些哲学观念，花了将近一个世纪才深入群众的心中。一旦它们变得根深蒂固，其不可抗拒的威力尽人皆知。整个民族为了社会平等、为了实现抽象的权利和理想主义自由而做的不懈追求，使所有的王室都摇摇欲坠，使西方世界陷入深刻的动荡之中。在20年的时间里，各国都内战不断，欧洲出现了甚至连成吉思汗看了也会心惊胆战的大屠杀。世界还从未见过因为一种观念的传播而引起如此大规模的悲剧性后果。

让观念在群众的头脑里扎根需要很长时间，而根除它们所需要的时间也短不了多少。因此就观念而言，群体总是落后于博学之士和哲学家好几代人。今天所有的政客都十分清楚，我刚才提到的那些基本观念中混杂着错误，然而由于这些观念的影响力依然十分强大，他们也不得不根据自己已经不再相信的真理中的原则进行统治。

2. 群体的理性

不能绝对地说，群体没有理性或不受理性的影响。

但是它所接受的论证，以及能够对它产生影响的论证，从逻辑上属于十分拙劣的一类，因此把它们称为推理，只能算是一种比喻。

就像高级的推理一样，群体低劣的推理能力也要借助于观念，不过，在群体所采用的各种观念之间，只存在着表面的相似性或连续性。群体的推理方式类似于爱斯基摩人的方式，他们从经验中得知，冰这种透明物质放在嘴里可以融化，于是认为同样属于透明物质的玻璃，放在嘴里也会融化；他们又像一些野蛮人，以为吃下骁勇敌首的心脏，便得到了他的胆量；或是像一些受雇主剥削的苦力，立刻便认为天下所有雇主都是在剥削他们的人。

群体推理的特点，是把彼此不同，只在表面上相似的事物搅在一起，并且立刻把具体的事物普遍化。知道如何操纵群体的人，给他们提供的也正是这种论证。因此不妨说，他们并不推理或只会错误地推理，也不受推理过程的影响。读读某些演说词，其中的弱点经常让人感到惊讶，但是它们对听众却有巨大的影响。人们忘记了一点，它们并不是让哲学家阅读的，而是用来说服集体的。同群体有密切交往的演说家，能够在群体中激发出对他们有诱惑力的形象。只要他成功地做到了这一点，他便达到了自己的目的。20篇滔滔不绝的长篇论证——它们总是认真思考的产物——还不如几句能够对它试图说服的头脑有号召力的话。

没有必要进一步指出，群体没有推理能力，因此它也无法表现出任何批判精神，也就是说，它不能辨别真伪或对任何事物形成正确的判断。群体所接受的判断，仅仅是强加给它们的判断，而绝不是经过讨论后得到采纳的判断。在这方面，也有无数的个人比群体水平高明不了多少。有些意见轻而易举就得到了普遍赞同，更多的是因为大多数人感到，他们不可能根据自己的推理形成自己的独特看法。

3. 群体的想象力

正像缺乏推理能力的人一样，群体形象化的想象力不但强大而活跃，并且非常敏感。一个人、一件事或一次事故在他们头脑中唤起的形象，全都栩栩如生。从一定意义上说，群体就像个睡眠中的人，他的理性已被暂时悬置，因此他的头脑中能产生出极鲜明的形象，但是只要他能够开始思考，这种形象也会迅速消失。既然群体没有思考和推理能力，因此它们不认为世上还有做不到的事情。一般而言，它们也会认为，最不可能的事情便是最惊人的事情。一个事件中不同寻常的、传奇式的一面会给群体留下特别深刻的印象，原因便在于此。实际上，分析一下一种文明就会发现，使它得以存在的真正基础，正是那些神奇的、传奇般的内容。在历史上，表象总是比真相起着更重要的作用，不现实的因素总是比现实的因素更重要。

只会形象思维的群体，也只能被形象所打动。只有形象能吸引或吓住群体，成为它们的行为动机。

因此，最能活灵活现反映人物形象的戏剧表演，总是对群体有巨大的影响。在罗马民众的眼里，面包和宏大壮观的表演构成了幸福的理想，他们再无所求。在此后的所有时代里，这种理想很少改变。对各种群体的想象力起作用的莫过于戏剧表演。所有观众同时体验着同样的感情，这些感情没有立刻变成行动，不过是因为最无意识的观众也不会认识不到，他不过是个幻觉的牺牲品，他的笑声与泪水都是为了那个想象出来的离奇故事。然而有时因为形象的暗示而产生的感情却十分强烈，因此就像暗示通常所起的作用一样，它们倾向于变成行动。这类故事我们时有所闻：大众剧场的经理仅仅因为上演了一出让人情绪低沉的戏，便不得不在扮演叛徒的演员离开剧院时为他提供保护，以免他受到那些对叛徒的罪恶义愤填膺的观众的粗暴攻击，尽管那罪行不过是想象的产物。我认为，我们在这里看到的是群体心理状态，尤其是对其施以影响的技巧之最显著的表现。虚幻的因素对他们的影响几乎象现实一样大。他们有着对两者不加区分的明显倾向。

侵略者的权力和国家的威力，便是建立在群体的想象力上的。在领导群体时，尤其要在这种想象力上狠下功夫。所有重大的历史事件，都是因为对群体的想象力产生强烈影响所造成的直接或间接的后果。

此外，所有时代和所有国家的伟大政客，包括最专横的暴君，也都把群众的想象力视为他们权力的基础，他们从来没有设想过通过与它作对而进行统治。

如何影响群众的想象力呢？我们很快就会知道。这里我们只需说明，要想掌握这种本领，万万不可求助于智力或推理，也就是说，绝对不可以采用论证的方式。安东尼让民众反对谋杀凯撒的人，采用的办法并不是机智的说理，而是让民众意识到他的意志，是用手指着凯撒的尸体。

不管刺激群众想象力的是什么，采取的形式都是令人吃惊的鲜明形象，并且没有任何多余的解释，或仅仅伴之以几个不同寻常或神奇的事实。有关的事例是一场伟大的胜利、一种大奇迹、大罪恶或大前景。事例必须摆在作为一个整体的群众面前，其来源必须秘不示人。上千次小罪或小事件，丝毫也不会触动群众的想象力，而一个大罪或大事件却会给他们留下深刻的印象，即使其后果造成的危害与100次小罪相比不知小多少。就是几年前，流行性感冒仅在巴黎一地便造成了多人的死亡，但是它对民众的想象力几乎没有任何影响。原因在于，这种真实的大规模死亡没有以某个生动的形象表现出来，而是通过每周发布的统计信息知道的。相反，如果一次事件造成的死亡只有500人而不是5000人，但它是在一天之内发生于公众面前，是一次极其引人注目的事件，比如说是因为埃菲尔铁塔轰然倒塌，就会对群众的想象力产生重大影响。人们因为得不到相关的消息，以为一艘穿越大西洋的汽轮可能已在大洋中沉没，此事对群众想象力的影响整整持续了一周。但是官方的统计表明，仅仅1894年一年，就有850条船和203艘汽轮失事。以造成的生命和财产损失而论，它们比那次大西洋航线上的失事严重得多，而群众在任何时候都没有关心过这些接连不断的失事。影响民众想象力的，并不是事实本身，而是它们发生和引起注意的方式。如果让我表明看法的话，我会说，必须对它们进行浓缩加工，它们才会形成一种令人瞠目结舌的惊人形象。掌握了影响群众想象力的艺术，也就掌握了统治他们的艺术。

第四节 群体信仰所采取的宗教形式

── 本节提要 ──────────────

宗教感情用意在哪·对神明的崇拜不受约束·信仰的众多特征·深信不疑源于采取宗教形式·各种各样的例子·大众的神明从未消失·宗教感情复活的新形式·无神论的宗教形式·这些观念在历史视野中的重要性·宗教改革、圣巴多罗买大屠杀、恐怖时期以及重大的历史事件都是群体宗教情感而非独立的个体意志的结果

我们已经说过，群体并不理性，也说过他们对观念要么全盘接受，要么完全拒绝。对他们进行的那些暗示会侵入到他们的整个思想领域，使他们立即就想要把这些暗示变成行动。我们还说明了，受到适当影响的群体时刻准备着为自己所信奉的理想牺牲自己。我们也看到，他们只具有狂暴和极端的情绪，在他们所处

的情况下，同情很快就会变成崇拜，而厌恶几乎从产生的那一刻起，就变成为了仇恨。这些常规性的解释，已经让我们对群体信仰的性质有了些了解。

当我们对这些信仰进行更进一步的考察的时候，不论是在以狂热的宗教信仰为标志的时代，还是在那些发生了政治大动荡的时代——例如十八世纪——可以发现的一点是，它们总是呈现出一种独特的形式，我除了把它称为宗教情感之外，再找不出其他比这更好的称呼了。

这种情感具有非常简单的特征，比如对一个想象中的高高在上者的崇拜、对他的权力的畏惧、盲目服从他的指令、不敢讨论他的教义、传播这种教义的渴望、倾向于把不接受他的所有人都视为仇敌。这样一种情感不管是用到一个无形的上帝身上、一具木刻或者石刻的偶像上，还是用到某个英雄身上或者政治概念上，只要表现出了上述的特征，其本质便总也离不开宗教的范畴。超自然和奇迹呈现出了同样的情况。群体无意识地把某种神秘的力量赋予政治原则或者获胜的领袖，只要这些东西在当时激发出了他们的热情。

一个人在他仅是崇拜某个神的时候，还算不上虔诚，但是当他把自己所有的思想资源、彻底归顺的精神意志、全身心的狂热激情，全部奉献给一项事业或一个人，并将其作为他全部思想和行动的目标与指南的时候，他就真的虔诚了。

偏执与狂妄是宗教情感必然的伴侣。那些自信拥有世俗的或者永恒的幸福秘密的人，不可避免地都会表现出这些特征来。这两种特征也会在所有因受到某种信仰的激励而聚集在一起的群体中表现出来。恐怖统治时期的雅各宾党人，骨子里就像宗教法庭时代的天主教徒一样虔诚，他们残暴的激情也存在着同样的根源。

群体的信仰呈现出盲目的顺从、极端的偏执以及对狂热宣传的需要等，这些宗教情感所固有的特征，也就是出于这个理由，我们可以说他们的一切信念都具有某种宗教的形式。受到某个群体拥戴的英雄就是这个群体中一个货真价实的神。拿破仑当了15年这样的神，他比任何神都拥有更多的忠实崇拜者和把人送上黄泉路的便利条件。

所有宗教或政治信条的创立者之所以能够立住脚，仅仅只是由于他们成功地激起了群众那些想入非非的感情，这些感情使群众在崇拜和服从中找到了自己的幸福，而且随时准备好了为自己的偶像奉献他们的生命。这在任何时代都概无例外。甫斯特尔·德·库朗热① 在论述罗马高卢人的杰作中很中肯地说到，维系罗马帝国的绝不是武力，而是它所激发出的一种虔诚的赞美之情。他很肯定地写道："一种在民众中受到憎恶的统治形式竟能

①库朗热（Fustel de Coulanges，1830～1889），法国著名历史学家和社会学家。

维持了五个世纪之久，这在世界历史上是绝无仅有的现象……帝国的30个军团居然就能让上亿人俯首帖耳，这简直是不可思议。"他们顺从的原因在于，皇帝是罗马帝国伟大之处的人格化象征，他就像神一样受到了全体人民的一致崇拜。在他的疆域之内，即使最小的城镇也设有膜拜皇帝的祭坛。"在那些日子里，从帝国的一端到另一端，到处都可以看到一种新宗教的兴起，这个宗教的神就是皇帝本人。在基督教出现之前的许多年里，由60座城市所构成的整个高卢地区，无一例外地建起了和里昂城附近的一座庙宇相似的神庙供奉奥古斯都皇帝……其祭司由高卢城市联盟选派，同时也是当地的首脑人物……我们不可能把这一切都归结为畏惧和奴性。整个民族不会卑躬屈膝，尤其不可能长达三个世纪之久。崇拜君主的并不是那些廷臣，而是罗马人，而且不仅仅是罗马人，还有高卢人、西班牙人、希腊人和亚细亚人。"

今天，大多数支配着人们思想的大人物不再拥有圣坛，但是，他们有雕像，或者有崇拜者手里捧着他们的画像，以他们为对象的崇拜行为与他们的前辈所得到的并没有什么显著的差异。只有通过对群体心理这个基本问题进行彻底的研究，才能够理解历史的本质。在其他的所有要求之前，群众首先需要一个神。

千万不要以为这些都是过去时代的迷信，而且理性肯定已经把这些迷信彻底清除了。在与理性永恒的冲突中，感情从来就没有失过手。群众固然不再能够听到神或宗教这样的词语，他们曾经长期地被这样的名称奴役。但是，在过去100年间，他们从来没有拥有过如此众多的崇拜对象，而且过去的神也从来没有拥有过如此众多的供奉他们的塑像和神坛。那些在近年研究过群众运动的人知道，打着布朗热主义①的旗号，你就能看到群众的宗教本能是多么容易复活。在任何一家乡村小酒馆里，都会悬挂英雄的画像。他被赋予匡扶正义、铲除邪恶的权力，成千上万的人会为他献出自己的生命。只要他的人格与他传奇般的声望能够匹配，那他在历史上的地位就应该是很伟大的。

因而，信誓旦旦地说宗教对于群众是必不可少的这种话，完全就是毫无用处的老生常谈，因为所有的政治学说、神学理论以及社会信条，如果想要在群众中扎根，都必须呈现出宗教的形式——一种能够排除讨论这个危险的形式。即便有可能诱使大众接受无神论，这种信念也会表现出宗教情感中的各种狂热的偏执，而且从它的外部形态看很快就会成为一种崇拜。实证主义者这个小宗派的演变，为我们提供了一个奇妙的有力证据。虚无主义者的故事总是与陀斯妥耶夫斯基这位大思想家有着千丝万缕的

---

①布朗热是一个有野心的沙文主义军官，他以左派的面目出现，赢得了不满温和派的各阶层、各政治集团的支持。

联系，那些在他们的身上发生过的事情，很快也在实证主义者身上发生了。某一天，他被理性之光照亮，打破了教堂祭坛上供奉的所有的神和圣人的像，灭掉了蜡烛，没容自己缓一口气，他立刻用无神论哲学家，如毕希纳①和莫勒朔特的著作替代那些被砸碎的东西，做完这些之后，他又虔诚地重新点燃了蜡烛。他的宗教信仰的对象改变了，但是否就真的可以说他的宗教情感也变了呢？

我要再重复一遍，除非我们考察群体信仰长期所呈现出来的宗教形式，否则我们就不可能理解某些历史事件，而这些事件肯定都是最重要的。在对这些现象的研究过程中，需要从心理学的角度入手的情况要远多于从自然学的角度入手的情况。伟大的历史学家泰纳只从自然学的角度研究法国大革命，从这个方面说，很多事件真正的起因往往逃过了他的视线。他很充分地观察了各种事实，然而从对群体心理学研究缺失的这个方面看，他并不总是能够找出它们的起因。这些事实以血腥、混乱和残忍的一面让他感到震惊，但是他从那部伟大戏剧的主角身上，只看到了一群疯狂的野蛮人肆意妄为，以及对自己的本能没有丝毫的约束。法国大革命的暴力、滥杀无辜、对宣传的需要、向一切事物的宣

---

① 毕希纳（Ludwig Buchner，1824~1889），德国医生和哲学家，庸俗唯物主义和无神论的代表人物。

战，只有通过反思这场革命，认识到它只不过是在群众中建立起一种新的宗教信仰，才能给出合理的解释。宗教改革、圣巴多罗买大屠杀①、法国宗教战争、宗教法庭、恐怖时期②，都属于同类的现象，都是受宗教情感驱动的群众所为，这种情感带领那些沉浸在这种情感中的人，毫不留情地用火与剑清除那些阻碍新信仰建立的人。宗教法庭的方式，是那种有着纯洁而坚定信仰的所有人的方式。要是他们诉诸别的方式，那么他们的信仰就算不上信仰了。

类似于我刚才提到的那些情况，只有群众的热情引发它们的时候，它们的发生才会成为可能。即使最绝对的暴君也无法让它们发生。当历史学家告诉我们圣巴多罗买大屠杀是一个国王的杰作的时候，他们自己对群体心理学表现出的无知与对君王统治的无知一样令人汗颜。这种命令只能由群体的热情来贯彻。握有绝对权力的最专制的君主，充其量只能加快或延缓其显现的时间。说圣巴多罗买大屠杀或者说宗教战争不是国王们所为，就像说恐

---

①圣巴多罗买大屠杀（The Saint Bartholomew Massacres），发生在1572年的巴黎，是一场宗教大屠杀，死伤人数在7万~10万人之间。

②恐怖时期（The Reign Of Terror），又称"雅各宾派专制时期"，指在法国大革命时期的1793~1794年。由罗伯斯庇尔领导的雅各宾派统治法国的这段时间内推行恐怖政策，有数千被嫌疑为反革命的人被推上了断头台。

怖统治不是罗伯斯庇尔①、丹东②或圣翰斯特所为一样。在这些事件的深处，总是可以发现群众热情的作用，从来也没有统治者权力的影子。

---

①罗伯斯庇尔（Maximiien Robespierre，1758~1794），法国政治家，法国大革命的领袖人物，雅各宾派的首脑之一。1794年7月27日热月政变时被捕，次日被处死。

②丹东（Georges Jacques Danton，1759~1794），法国大革命时期的政治领袖和活动家，雅各宾派的主要领导人之一。1794年3月30日，丹东等人被救国委员会逮捕，4月5日被送上断头台。

乌合之众

之合

从

THE
CROWD

第 二 章
群体的意见
与 信 念

第一节 群体的意见与信念中的间接因素

本节提要

群体信念的初步因素・群体信念的起源是详加阐释的准备工作・研究影响群体信念的不同因素

（1）种族

它的影响至关重要・代表的是先民的建议

（2）传统

种族精神的综合反映・传统的社会意义・它在失去必要性后会成为有害因素・群体是传统最坚定的维护者

（3）时间

它建立信念，也毁灭信念・在时间的帮助下从无序走向有序

（4）政治和社会制度

错误的认识・它们的影响力甚小・各民族不能选择自己视为最好的制度・相同的制度名称下掩盖着最不相同的东西・理论上不好的制度，对某些民族却是必要的

（5）教育

关于教育影响群众的错误观点・统计学上的说明・拉丁民族的教育制度对道德的破坏作用・不同民族所提供的事例

在研究过群体的精神结构之后，我们了解了它的感情、思维和推理方式，现在让我们来看看它的意见和信念是如何形成的。决定着这些意见和信念的因素分为两类：间接因素和直接因素。

间接因素是指这样一些因素，它能够使群体接受某些信念，并且使其再也难以接受别的信念。这些因素为以下情况的出现准备了基础：突然会冒出来一些威力与结果都令人吃惊的新观念，虽然它们的自发性不过是一种表象。某些观念的爆发并被付诸行动，有时看起来显得十分突然。然而这只是一种表面结果，在它背后肯定能够找到一种延续良久的准备性力量。

直接因素是指这样一些因素，随着上述长期性准备工作的延续，它们能够成为实际说服群体的资源，不过，若是没有那种准备性工作，它们也不会发生作用。这就是说，它们是使观念采取一定形式并且使它能够产生一定结果的因素。集体突然开始加以贯彻的方案，就是由这种直接因素引起的。一次骚乱的爆发，或一个罢工决定，甚至民众授予某人权力去推翻政府，都可归因于这种因素。

在所有重大历史事件中，都可以发现这两种因素相继发生作

用，这里仅以一个最令人震惊的事件为例。法国大革命的间接因
素包括哲学家的著作、贵族的苛捐杂税以及科学思想的进步。有
了这些准备，群众的头脑便很容易被演说家的演讲以及政府用不
疼不疼的改良进行的抵抗所激怒。

有些间接因素具有普遍性，可以看出，它们是群体一切信念
和意见的基础。这些因素就是种族、传统、时代及各种典章制度
和教育。现在我们就来研究一下这些不同因素的影响。

1. 种族

种族的因素必须列在第一位，因为它本身的重要性远远超过
其他因素。我在前一本著作中①曾对它做过充分的研究，故无须再
做详细的讨论。在前一本著作中，我们说明了一个历史上的种族
有什么特点，以及它一旦形成了自己的禀性，作为遗传规律的结
果，它便具有了这样的力量，它的信仰、制度和艺术，总之，它
文明中的一切成分，仅仅是它的精神的外在表现。我们指出，种
族的力量具有这样的特点：它的任何一个要素在从一个民族转移
给另一民族时，在接受过程中都会发生巨大的变化②。

①指作者的《民族进化的心理定律》。
②在我看来，这一见解很有创新性。正是因为有了它，历史的进程才能被人理解。我曾
经写过一本书——《民族进化的心理定律》。在那本书里，我为阐述清楚上述问题，
用了整整四章的篇幅。通过阅读那本书，读者一定可以明白，尽管语言、宗教、艺术
等属于表象性质的东西，容易让人误入歧途。但不管怎么说，一个民族不可能一成不
变地接受另一个民族的文明——文明中的一切要素都有可能在转移中有所缺失。

环境和各种事件代表着一时的社会暗示性因素，它们可能有相当大的影响，但这种影响如果与种族的暗示因素对立，换言之，如果它与一个民族世代继承下来的因素相反，它便只能是暂时的。

我们在本书下面的一些章节里，还会不时触及种族的影响，我们会说明，这种影响是如此强大，它决定着群体精神的特征。这一事实造成的后果是，不同国家的群体表现出相当不同的信念和行为，受到影响的方式也各不相同。

2. 传统

传统代表着过去的观念、欲望和感情。它们是种族综合作用的产物，并且对我们发挥着巨大影响。

自从胚胎学证明了过去的时间对生物进化的巨大影响以后，生物科学便发生了变化。如果这种理论更加广为人知，历史科学想必也会出现类似的变化。然而目前它尚未得到足够广泛的普及，许多政客同十八世纪的学究们相比，仍然高明不了多少。他们相信社会能够和自己的过去决裂，完全遵照理性之光所指引的唯一道路前进。

民族是在历史中形成的一个有机体，因此就像其他有机体一样，它只能通过缓慢的遗传积累过程发生变化。

支配着人们的是传统，当他们形成群体时，就更是如此。他们能够轻易地给传统造成的变化，如我一再指出的那样，仅仅是一些名称和外在形式而已。

对这种状况不必感到遗憾。脱离了传统，不管民族精神还是文明，都不可能存在。因此自有人类以来，它便一直有着两大关切，一是建立某种传统结构，二是当有益的成果已变得破败不堪时，人类社会便努力摧毁这种传统。没有传统，文明是不可能的；没有对这些传统的破坏，进步也是不可能的。困难——这是个极严重的困难——在于如何在稳定与求变之间取得平衡。如果一个民族使自己的习俗变得过于牢固，它便不会再发生变化，于是就像中国一样，变得没有改进能力。在这种情况下，暴力革命也没多少用处，因为由此造成的结果，或者是打碎的锁链被重新拼接在一起，让整个过去原封不动地再现，或者是对被打碎的事物撒手不管，衰败很快被无政府状态所取代。

因此，对于一个民族来说，理想的状态是保留过去的制度，只用不易察觉的方式一点一滴地加以改进。这个理想不易实现。使它变成现实的几乎只有古罗马人和近代英国人。

死抱着传统观念不放，极其顽固地反对变革传统观念的，正是群体。有地产的群体更是如此。我坚持认为群体具有保守主义精神，并且指出，最狂暴的反叛最终也只会造成一些嘴皮子上的变化。十八世纪末，教堂被毁，僧侣们或是被驱逐出国，或是殒命于断头台，人们也许认为，旧日的宗教观念已经威力尽失。但是没过几年，为了顺应普遍的要求，遭禁的公开礼拜制度便又建立起来了。

被暂时消灭的旧传统，又恢复了昔日的影响。

没有任何事例能更好地反映传统对群体心态的威力。最不受怀疑的偶像，并不住在庙堂之上，也不是宫廷里那些最专制的暴君，他们转瞬之间就可以被人打碎。支配着我们内心最深处的自我的，是那些看不见的主人，它可以安全地避开一切反叛，只能在数百年的时间里被慢慢地磨损。

3. 时间

时间对于社会问题就像对生物学问题一样，是最有力的因素之一。它是唯一的真正创造者，也是唯一的伟大毁灭者。积土成山要靠时间，从地质时代①模糊难辨的细胞到产生出高贵的人类，靠的也是时间。数百年的作用足以改变一切固有的现象。人们有理由认为，如果蚂蚁有充足的时间，它也能把勃朗峰②夷为平地。如果有人掌握了随意改变时间的魔法，他便具有了信徒赋予上帝的权力。

不过，这里我们只来讨论时间对群体形成意见的影响。从这个角度看，它也有着巨大的作用。一些重大的要素，比如种族，也取决于它，没有它便无法形成。它引起一切信仰的诞生、成长和死亡。它们获得力量靠的是时间，失去力量也是因为时间。

---

①地质时代（geological eras），指用地质学方法测定的时代。地质时代可分为太古代、元古代、古生代、中生代和新生代5个时期。

②勃朗峰（Mount Blanc），意为"白色的山峰"，位于意大利和法国的交界处，阿尔卑斯山的最高峰，海拔4810.9米。

　　具体而言，群体的意见和信念是由时间装备起来的，或者它至少为它们准备了生长的土壤。一些观念可实现于一个时代，却不能实现于另一个时代，原因就在这里。是时间把各种信仰和思想的碎屑堆积成山，从而使某个时代能够产生出它的观念。这些观念的出现并不是像掷骰子一样全凭运气，它们都深深植根于漫长的过去。当它们开花结果时，是时间为它们做好了准备。如想了解它们的起源，就必须回顾既往。它们既是历史的儿女，又是未来的母亲，然而也永远是时间的奴隶。

　　因此，时间是我们最可靠的主人，为了看到一切事物有何变化，应当让它自由地发挥作用。今天，面对群众可怕的抱负以及它所预示的破坏和骚乱，我们深感不安。要想看到平衡的恢复，除了依靠时间，再无他法。拉维斯先生所言甚是："没有哪种统治形式可以一夜之间建立起来。政治和社会组织是需要数百年才能打造出来的产物。封建制度在建立起它的典章之前，经历了数百年毫无秩序的混乱。绝对君权也是在存在了数百年后，才找到了统治的成规。这些等待的时期是极为动荡的。"

4. 政治和社会制度

　　制度能够改正社会的弊端，国家的进步是改进制度与统治带来的结果，社会变革可以用各种命令来实现——我认为这些想法仍然受到普遍的赞同。它们是法国大革命的起点，而且目前的各种社会学说也仍然以它为基础。

最具连续性的经验一直未能动摇这个重大的谬见。哲学家和史学家们枉费心机地想证明它的荒谬，不过他们却可以毫不费力地证明，各种制度是观念、感情和习俗的产物，而观念、感情和习俗并不会随着改写法典而被一并改写。一个民族并不能随意选择自己的制度，就像它不能随意选择自己的头发和眼睛的颜色一样。制度和政府都是种族的产物，它们并不是某个时代的创造者，而是由这个时代所创造。对各民族的统治，不是根据它们一时的奇思怪想，而是他们的性质决定了它们要被统治。一种政治制度的形成需要上百年的时间，改造它也同样如此。各种制度并没有固有的优点，就它们本身而言，它们无所谓好坏。在特定的时刻对一个民族有益的制度，对另一个民族也许是极为有害的。

进一步说，一个民族并没有真正改变其各种制度的能力。毫无疑问，以暴力革命为代价，它可以改变其名称，但是其本质依然如故。名称不过是些无用的符号，历史学家在深入到事物的深层时，很少需要留意它们。正是因为如此，英国这个世界上最民主的国家①仍然生活在君主制的统治下，而经常表现得十分嚣张的

---

①对这个事实，即使是最进步的美国共产主义人士都承认是正确的。最近，美国杂志《论坛》对这种看法给予了经典评价。我在1894年12月份《评论的评论》上找到了这些话，现在转引如下："包括那些对贵族制度最热心追捧的人，绝对都应该牢记，英国是全世界最民主的国家。在英国个人权利可以被最大程度地尊重，个人的自由程度是最高的。"

最具压迫性的专制主义，却是存在于那些原属西班牙的美洲共和国，尽管它们都有共和制的宪法。决定着各民族命运的是它们的性格，而不是它们的政府。我曾在前一本书中，通过提出典型事例来证实这一观点。

因此，把时间浪费在炮制各种煞有介事的宪法上，就像是小孩子的把戏，是无知的修辞学家毫无用处的劳动。必要性和时间承担着完善宪政的责任，我们最明智的做法，就是让这两个因素发挥作用。这就是盎格鲁—萨克逊人采用的办法，正像他们伟大的史学家麦考利①在一段文字中告诉我们的，拉丁民族各国的政客们应当由衷地学习这种方法。他指出，法律所能取得的一切好处，从纯粹理性的角度看，表现出一片荒谬与矛盾，他然后又对拉丁民族一拥而上发疯般制定出来的宪法文本与英国的宪法进行了比较。他指出，后者总是一点一滴慢慢地发生变化。产生这一变化来自必要性，而不是来自思辨式的推理。

从来不考虑是否严谨对称，更多的是考虑它是否方便实用；从来不单纯以不一致为理由去消除不一致；除非感到有所不满，绝对不加以变革；除非能够消除这种不满，绝对不进行革新；除了针对具体情况必须提供的条款之外，绝对不制定任何范围更大

---

① 麦考利（Thomas Macaulay，1800~1859），英国著名的历史学家和政治家，自由党人，曾任下院议员。

的条款——这些原则，从约翰国王的时代直到维多利亚女王的时代，一直支配着我们250年的议会，使它变得从容不迫。

要想说明各民族的法律和各项制度在多大程度上表达着每个种族的需要，没有必要对其进行粗暴的变革，而要对它们逐一进行审查。例如，当我们看到，一场目的在于摧毁过去一切制度的大革命也不得不尊重集权制，甚至使它进一步强化。在这种情况下，我们就该承认它是时代的产物，是这个民族的生存条件。对于那些奢谈毁掉这种制度的政客，我们对他们可怜的智力水平感到怜悯。如果他们碰巧做成了这件事，他们的成功立刻会预示着一场残酷的内战[①]，这又会立刻带来一种比旧政权更具压迫性的新的集权制度。

从以上所述得出的结论是，深刻影响群体禀性的手段，不能到制度中去寻找。我们看到，有些国家，比如美国，在民主制度下取得了高度繁荣，而另一些国家，比如那些西班牙人的美洲共和国，在极为相似的制度下，却生活在可悲的混乱状态

①法国的不同种族、宗教和政治仍处于分裂的阶段，这种说法是有根据的。早在法国大革命时期，对于怎样划分法国政党、宗教和政治力量还存在很多分歧；特别是在社会问题上以及法德战争期间再次表现出来的分裂倾向，这些现象都说明法国还没有融合为一个整体。大革命时期，因为强大的集权制、以人为主导的部门的建立，必定会把所有的古老省份合并起来。从这一点来看，革命做了一项大有裨益的好事。但今天一些目光短浅的人仍在极力推崇分权制，假如他们得逞，必定会引发流血冲突事件。如果不能正视这个事实，那么就等于在无视法国的整个历史。

之中。这时我们就应当承认，这种制度与一个民族的伟大和另一个民族的衰败都是毫不相干的。各民族是受着它们自己的性格支配的，凡是与这种性格不合的模式，都不过是一件借来的外套，一种暂时的伪装。毫无疑问，为强行建立某些制度而进行的血腥战争和暴力革命一直都在发生，而且还会继续发生。人们就像对待圣人的遗骨① 一样对待这些制度，赋予这些制度以创造幸福的超自然力量。因此，从某种意义上说，是制度反作用于群体的头脑，它们才引发了这些大动荡。然而其实并不是制度以这种方式产生了反w作用，因为我们知道，不管成功或失败，它们本身并没有以这种方式产生反作用，因为它们本身并不具有那样的能力。影响群众头脑的是各种幻想和词语，尤其是词语，它们的强大一如它们的荒诞，下面我就简单地揭示一下它们令人吃惊的影响。

5. 教育

在当前这个时代的主要观念中，首先是这样一种观念，即认为教育能够使人大大改变，它会万无一失地改造他们，甚至能够把他们变成平等的人。这种主张被不断地重复，仅仅这个事实就足以让它最终成为最牢固的民主信条。如今要想击败这种观念，

---

①圣人的遗骨（The relics of saints），在广大信徒眼中具有神圣的意义，这里有值得尊崇礼拜的意思。

就像过去击败教会一样困难。

但是在这个问题上，就像在许多其他问题上一样，民主观念与心理学和经验的结论有着深刻的差异。包括赫伯特·斯宾塞在内的许多杰出哲学家，已经毫不费力地证明，教育既不会使人变得更道德，也不会使他更幸福；它既不能改变他的本能，也不能改变他天生的热情，而且有时——只要进行不良引导即可——害处远大于好处。统计学家已经为这种观点提供了佐证，他们告诉我们，犯罪随着教育，至少是某种教育的普及而增加，社会的一些最坏的敌人，也是在学校获奖者名单上有案可查的人。一位杰出的官员，阿道夫？吉约先生在最近一本著作里指出，目前受过教育的罪犯和文盲罪犯是3000∶1000。在50年的时间里，犯罪比例从每10万人中有227人上升到了552人，即增长了133%。他也像他的同事一样注意到，年轻人犯罪增长得尤其多，而人尽皆知的是，法国为了他们，已经用免费义务制教育取代了交费制。

当然不能说，即使正确引导的教育，也不会造成十分有益的实际结果——谁也没有坚持过这种主张。就算它不会提升道德水平，至少也会有益于专业技能的发展。不幸的是，尤其在过去25年里，拉丁民族把它们的教育制度建立在了十分错误的原则上，尽管有些最杰出的头脑，如布吕尔[①]、库朗热、泰纳等许多人提出

[①]布吕尔（Lucien Lévy Bruhl，1857~1939），法国社会学家、人类学家和哲学家。

了意见，它们依然不思悔改。

这种制度（它可能很适合拉丁民族的禀性）的主要危险来自这样一个事实，即它以根本错误的心理学观点为基础，认为智力是通过一心学好教科书来提高的。由于接受了这种观点，人们便尽可能强化许多手册中的知识。从小学直到离开大学，一个年轻人只能死记硬背书本，他的判断力和个人主动性从来派不上用场。受教育对于他来说就是背书和服从。

前公共教育部长朱勒？西蒙先生写道："学习课程，把一种语法或一篇纲要牢记在心，重复得好，模仿也出色——这实在是一种十分可笑的教育方式，它的每项工作都是一种信仰行为，即默认教师不可能犯错误。这种教育的唯一结果，就是贬低自我，让我们变得无能。"

如果这种教育仅仅是无用，人们还可以对孩子们示以同情，他们虽然没有在小学里从事必要的学习，毕竟被教会了一些科劳泰尔后裔的族谱、纽斯特里亚和奥斯特拉西亚之间的冲突或动物分类之类的知识。但是这种制度的危险要比这严重得多，它使服从它的人强烈地厌恶自己的生活状态，极想逃之夭夭。工人不想再做工人，农民不想再当农民，而大多数地位卑贱的中产阶级，除了吃国家职员这碗饭以外，不想让他们的儿子从事任何别的职业。法国的学校不是让人为生活做好准备，而是只打算让他们从事政府的职业，在这个行当上取得成功，无需任何必要的自我定向，或表现出哪怕一点个人的主动性。这种制度在社会等级的最底层创造了一支大军，他们对自己的命运忿忿不平，随时都想起来造反。在最高层，它培养出一群轻浮的资产阶级，他们既多疑又轻信，对国家抱着迷信般的信任，把它视同天道，却又时时不忘对它表示敌意，总是把自己的过错推给政府。离开了当局的干涉，他们便一事无成。

国家用教科书制造出这么多有文凭的人，然而它只能利用其中的一小部分，于是只好让另一些人无事可做。因此，它只能把饭碗留给先来的，剩下的没有得到职位的人便全都成了国家的敌人。从社会金字塔的最高层到最低层，从最卑贱的小秘书到教授和警察局长，有大量炫耀着文凭的人在围攻各种政府部门的职位。商人想找到一个代替他处理殖民地生意的人难上加难，可是成千上万的人却在谋求最平庸的官差。只在塞纳一地，就有成千上万名男女教师失业，他们全都蔑视农田或工厂，只想从国家那儿讨生计。被选中的人数是有限的，因此肯定有大量心怀不满的人。他们随时会参与任何革命，不管它的头领是谁，也不管它有什么目标。可以说，不切实际的教育是让人造反的罪魁祸首。

显然，迷途知返为时已晚。只有经验这位最好的老师，最终会揭示出我们的错误。只有它能够证明，必须废除我们那些可恶的教科书和可悲的考试，代之以勤劳的教育，它能够劝导我们的年轻人回到田野和工厂，回到他们今天不惜任何代价逃避的殖民地事业。

如今，一切受教育的人所需要的专业教育，就是我们祖辈所理解的教育。在今天，凭自己意志的力量、开拓能力和创业精神统治世界的民族中，这种教育依然强盛。泰纳先生这位伟大的思想家，在一系列著名篇章（下面我还会引用其中一些重要段落）中清楚地说明了，我们过去的教育制度与今天英国和美国的制度大体相似。他在对拉丁民族和盎格鲁—萨克逊民族的制度进行不同寻常的比较时，明确指出了这两种方式的后果。

也许人们在迫不得已的情况下会认为，继续接受我们古典教育中的全部弊端，尽管它只能培养出心怀不满和不适应自己生活状况的人，但是向人灌输大量肤浅的知识，不出差错地背诵大量教科书，毕竟能够提高智力水平。但是它真能提高这种水平吗？不可能！生活中取得成功的条件是判断力，是经验，是开拓精神和个性——这些素质都不是书本能够带来的。教科书和字典可以是有用的参考工具，但长久把它们放在脑子里却没有任何用处。

如何让专业教育提高智力，使它达到大大高于古典教育的水平呢？泰纳先生做过出色的说明。他说：

观念只有在自然而正常的环境中才能形成。要促进观念的培养，需要年轻人每天从工厂、矿山、法庭、书房、建筑工地和医院获得大量的感官印象；他得亲眼看到各种工具、材料和操作；他得与顾客、工作者和劳动者在一起，不管他们干得是好是坏，也不管他是赚是赔。采用这种方式，他们才能对那些从眼睛、耳朵、双手甚至味觉中得到的各种细节，有些微不足道的理解。学习者在不知不觉中获得了这些细节，默默地推敲，在心中逐渐成形，并且或迟或早会产生出一些提示，让他们着手新的组合、简化、创意、改进或发明。而法国年轻人恰恰在最能出成果的年纪，被剥夺了所有这些宝贵的接触、所有这些不可缺少的学习因素，因为有七八年的时间他一直被关在学校里，切断了一切亲身体验的机会，因此对于世间的人和事，对于控制这些人和事的各种办法，不可能得到鲜明而准确的理解。

在法国，十人之中，至少九个人在几年里把他们的时间和努力浪费掉了，而且可以说，这是非常重要的，甚至是决定性的几年。他们中间有一半甚至三分之二的人，是为了考试而活着——我这里指的是那些被淘汰者；还有一半或三分之二顺利地得到了某种学历、证书或一纸文凭——我指的是那些超负荷工作的人。在规定的某一天，坐在一把椅子上，面对一个答辩团，在连续两小时的时间里，怀着对科学家团体，即一切人类知识的活清单的敬畏，他们要做到正确——对这种事所抱的期望实在太过分了。在那一天的那两个小时里，他们也许正确或接近正确，但用不了一个月，他们便不再是这样。他们不可能再通过考试。他们脑子里那些过多的、过于沉重的所学不断流失，且没有新东西补充进去。他们的精神活力衰退了，他们继续成长的能力枯竭了，一个得到充分发展的人出现了，然而他也是个筋疲力尽的人。他成家立业，落入生活的俗套，而只要落入这种俗套，他就会把自己封闭在狭隘的职业中，工作也许还算本分，但仅此而已。这就是平庸的生活，收益和风险不成比例的生活。而在1789年以前，法国就像英国或美国一样，采用的是相反的办法，由此得到的结果并无不同，甚至更好。

此后一些著名的心理学家又向我们揭示了我们的制度与盎格鲁—萨克逊人的差别。后者并没有我们那样多的专业学校。他们的教育并不是建立在啃书本上，而是建立在专业课程上。例如，他们的工程师并不是在学校，而是在车间里训练出来的。这种办法表明，每个人都能达到他的智力允许他达到的水平。如果他没有进一步发展的能力，他可以成为工人或领班；如果天资不俗，他便会成为工程师。个人前程全取决于他在19岁时一次几小时考试的做法相比，这种办法更民主，对社会也更有利。

在医院、矿山和工厂，在建筑师或律师的办公室里，十分年轻便开始学业的学生们，按部就班地经历他们的学徒期，非常类似于办公室里的律师、秘书或工作室里的艺术家。在投入实际工作之前，他也有机会接受一些一般性的教育，因此已经准备好了一个框架，可以把他们迅速观察到的东西储存进去，而且他能够利用自己在空闲时间得到的各种各样的技能，由此逐渐同他所获得的日常经验协调一致。在这种制度下，实践能力得到了发展，并且与学生的才能相适应，发展方向也符合他未来的任务和特定工作的要求，这些工作就是他今后要从事的工作。因此在英国或美国，年轻人很快便处在能够尽量发挥自己能力的位置上。在25岁时——如果不缺少各种材料和部件，时间还会提前——他不但成了一个有用的工作者，甚至具备自我创业的能力；他不只是机器上的一个零件，而且是个发动机。

关于我们拉丁民族的教育制度与实践生活不断扩大的差距，伟大的哲学家泰纳先生得出了如下结论：

在教育的三个阶段，即儿童期、少年期和青年期，如果从考试、学历、证书和文凭的角度看，坐在学校板凳上啃理论和教科书的时间是有点长得过头了，而且负担过重。即使仅从这个角度看，采用的办法也糟糕透项，它是一种违反自然的、与社会对立的制度。过多地延长实际的学徒期，我们的学校寄宿制度，人为的训练和填鸭式教学，功课过重，不考虑以后的时代，不考虑成人的年龄和人们的职业，不考虑年轻人很快就要投身其中的现实世界，不考虑我们活动于其中、他必须加以适应或提前学会适应的社会，不考虑人类为保护自己而必须从事的斗争，不考虑为了站住脚跟他得提前得到装备、武器和训练并且意志坚强。这种不可缺少的装备，这种最重要的学习，这种丰富的常识和意志力，我们的学校全都没有教给法国的年轻人。它不但远远没有让他们获得应付明确生存状态的素质，反而破坏了他这种素质。因此从他走进这个世界，踏入他的活动领域之日起，他经常只会遇到一系列痛苦的挫折，由此给他造成的创痛久久不能痊愈，有时甚至失去生活能力。这种试验既困难又危险。这个过程对精神和道德的均衡产生了不良影响，甚至有难以恢复之虞。十分突然而彻底的幻灭已经发生了。这种欺骗太严重了，失望太强烈了。①

以上所言是否偏离了群体心理学的主题？我相信并非如此。如果我们想知道今天正在群众中酝酿、明天就会出现的各种想法和信念，就必须对为其提供土壤的因素有所了解。教育能够使一个国家的年轻人了解到这个国家会变成什么样子。为当前这一代人提供的教育，有理由让人灰心丧气。在改善或恶化群众的头脑

---

① 这段文字可参见泰纳的《现代政体（Le Regime Moderne）》，第二卷，1894年。这些文字差不多是泰纳留下的最后成果。

方面，教育至少能发挥一部分作用。因而有必要说明，这种头脑是如何由当前的制度培养出来的，冷漠而中立的群众是如何变成了一支心怀不满的大军，随时打算听从一切乌托邦分子①和能言善辩者的暗示。

①乌托邦分子（Utopians），主要指那些提出不切实际的理想方案的社会改革家。

第二节 群体意见的直接因素

—— 本节提要 ——

（1）形象、词语和套话

词语和套话的神奇力量·词语的力量与它所唤起的形象有关，但独立于它的真正含义·这些形象因时代和种族而各有不同·常用词语含义多变的实例·给旧事物更换名称的政治效用·种族差别造成的词义变化·"民主"一词在欧洲和美国的不同含义

（2）幻觉

它的重要性·在所有文明的起源中都能发现幻觉·群体更喜欢幻觉而不是真理

（3）经验

只有经验能够使必要的真理在群众心中生根·经验只有不断地重复才能生效说服群众必须付出的经验代价

（4）理性

它对群体没有任何作用·群体只受无意识感情的影响·逻辑在历史中的作用·发生不可思议的事情的秘密

上面我们讨论了赋予群体心理以特定属性，使某些感情和观念得以发展的间接性准备因素。现在我们还得研究一下能够直接发挥作用的因素。接下来，我们会看到要想让这些因素充分发挥作用，应当如何运用它们。

我们在本书的前面研究过集体的感情、观念和推理方式，根据这些知识，显然可以从影响他们心理的方法中，归纳出一些一般性原理。我们已经知道什么事情会刺激群体的想象力，也了解了暗示，特别是那些以形象的方式表现出来的暗示的力量和传染过程。然而，正像暗示可以有完全不同的来源一样，能对群体心理产生影响的因素也相当不同，因此必须对它们分别给予研究。这种研究是有益的。群体就像古代神话中的斯芬克斯①一样，对于它提出的心理学问题，我们必须给出一个答案，否则我们就会被它吞噬。

1. 形象、词语和套话

我们在研究群体的想象力时已经看到，它特别易于被形象产生

---

①斯芬克斯（the sphinx of ancient fable），指希腊神话中的狮身人面怪兽。

的印象所左右。这些形象不一定随时都有，但是可以利用一些词语或套话，巧妙地把它们激活。经过艺术化处理之后，它们毫无疑问有着神奇的力量，能够在群体心中掀起最可怕的风暴，反过来说，它们也能平息风暴。因为各种词语和套话的力量而死去的人，只用他们的尸骨，就能建造一座比古老的基奥普斯①更高的金字塔。

词语的威力与它们所唤醒的形象有关，同时又独立于它们的真实含义。最不明确的词语，有时反而影响最大。例如象民主、社会主义、平等、自由等，它们的含义极为模糊，即使一大堆专著也不足以确定它们的所指。然而这区区几个词语的确有着神奇的威力，它们似乎是解决一切问题的灵丹妙药。各种极不相同的潜意识中的抱负及其实现的希望，全被它们集于一身。

说理与论证战胜不了一些词语和套话。它们是和群体一起隆重上市的。只要一听到它们，人人都会肃然起敬，俯首而立。许多人把它们当作自然的力量，甚至是超自然的力量。它们在人们心中唤起宏伟壮丽的幻象，也正是它们含糊不清，使它们有了神秘的力量。它们是藏在圣坛背后的神灵，信众只能诚惶诚恐地来到它们面前。

词语唤起的形象独立于它们的含义。这些形象因时代而异，也因民族而异。不过套话并没有改变，有些暂时的形象是和一定

---

①基奥普斯（Cheops），埃及法老胡夫，是埃及第四王朝的第二位法老。在位期间，他下令在吉萨修建了著名的胡夫金字塔。

的词语联系在一起的：词语就像是用来唤醒它们的电铃按钮。

并非所有的词语和套话都有唤起形象的力量，有些词语在一段时间里有这种力量，但在使用过程中也会失去它，不会再让头脑产生任何反应。这时它们就变成了空话，其主要作用是让使用者免去思考的义务。用我们年轻时学到的少量套话和常识把自己武装起来，我们便拥有了应付生活所需要的一切，再也不必对任何事情进行思考。

只要研究一下某种特定的语言，就会发现它所包含的词语在时代变迁中变化得极慢，而这些词语所唤起的形象，或人们赋予它们的含义，却不停地发生着变化。因此我在另一本书中得出结论说，准确地翻译一种语言，尤其那些死亡的语言，是绝对不可能的。当我们用一句法语来取代一句拉丁语、希腊语或《圣经》里的句子时，或者当我们打算理解一本二三百年前用我们自己的语言写成的书时，我们实际上是在做什么呢？我们不过是在用现代生活赋予我们的一些形象和观念代替另一些不同的形象和观念，它们是存在于古代一些种族的头脑中的产物，这些人的生活状况与我们没有任何相似之处。当大革命时的人以为自己在模仿古希腊和古罗马人时，他们除了把从来没有存在过的含义赋予古代的词语之外，还能做些什么呢？

希腊人的制度与今天用同样的词语设计出来的制度有何相似之处？那时的共和国本质上是一种贵族统治的制度，是由一小撮团结一致的暴君统治着一群绝对服从的奴隶构成的制度。这些建立在奴隶制上的贵族集体统治，没了这种奴隶制一天也不能存在。

"自由"这个词也是如此。在一个从未想过思想自由的可能性，讨论城邦的诸神、法典和习俗就是最严重最不寻常的犯罪的地方，"自由"的含义与我们今天赋予它的含义有何相似之处？像"祖国"这样的词，对于雅典人或斯巴达人来说，除了指雅典或斯巴达的城邦崇拜之外，还能有别的含义吗？它当然不可能指由彼此征伐不断的敌对城邦组成的全希腊。在古代高卢，"祖国"这个词又能有什么含义？它是由相互敌视的部落和种族组成的，它们有着不同的语言和宗教。凯撒能够轻易征服它们，正是因为他总是能够从中找到自己的盟友。罗马人缔造了一个高卢人的国家，是因为他们使这个国家形成了政治和宗教上的统一。不必扯这么远，就拿200年前的事来说吧，能够认为今天法国各省对"祖国"一词的理解，与伟大的孔代①是一样的吗？然而词还是那个词。过去跑到外国去的法国保皇党人，他们认为自己反对法国是在恪守气节，他们认为法国已经变节，因为封建制度的法律是把诸侯同主子而不是土地联系在一起的，因此有君主在，才有祖国在。可见，祖国对于他们的意义，不是与现代人大不相同吗？

意义随着时代的变迁而发生深刻变化的词语比比皆是。我们

---

①伟大的孔代（The Great Conde），指曾经发动叛乱，失利后逃到西班牙的王室支系。

对它们的理解，只能达到过去经过了漫长的努力所能达到的水平。有人曾十分正确地说，即使想正确理解"国王"和"王室"这种称呼对我们曾祖父一辈意味着什么，也需要做大量的研究。更为复杂的概念会出现什么情况也就可想而知了。

由此可见，词语只有变动不定的暂时含义，它随着时代和民族的不同而不同。因此，我们若想以它们为手段去影响群体，我们必须搞清楚某个时候群体赋予它们的含义，而不是它们过去具有的含义，或精神状态有所不同的个人给予它们的含义。

因此，当群体因为政治动荡或信仰变化，对某些词语唤起的形象深感厌恶时，假如事物因为与传统结构紧密联系在一起而无法改变，那么一个真正的政治家的当务之急，就是在不伤害事物本身的同时赶紧变换说法。聪明的托克维尔43很久以前就说过，政府和帝国的具体工作就是用新的名称把大多数过去的制度重新包装一遍。这就是说，用新名称代替那些能够让群众想起不利形象的名称，因为它们的新鲜能防止这种联想。"地租"变成了"土地税"，"盐赋"变成了"盐税"，"徭役"变成了间接摊派，商号和行会的税款变成了执照费，如此等等。

可见，政治家最基本的任务之一，就是对流行用语，或至少对再没有人感兴趣、民众已经不能容忍其旧名称的事物保持警觉。名称的威力如此强大，如果选择得当，它足以使最可恶的事情改头换面，变得能被民众所接受。泰纳明确地指出，雅各宾党人正是利用了"自由"和"博爱"这种当时十分流行的说法，才能够"建立起堪与达荷美①媲美的暴政，建立起和宗教法庭相类似的审判台，干出与古墨西哥人相差无几的人类大屠杀这种成就"。统治者的艺术，就像律师的艺术一样，首先在于驾驭词藻的学问。这门艺术遇到的最大困难之一，就是在同一个社会，同一个词对于不同的社会阶层往往有不同的含义，表面上看他们用词相同，其实他们说着不同的语言。

在以上事例中，时间是促成词语含义发生变化的主要因素。如果我们再考虑到种族因素，我们就会看到，在同一个时期，在教养相同但种族不同的人中间，相同的词也经常与极不相同的观念相对应。不是见多识广的人，不可能理解这些差别，因此我不会纠缠在这个问题上。我只想指出，正是群众使用最多的那些词，在不同的民族中有着最不相同的含义。

2. 幻觉

自从出现文明以来，群体便一直处在幻觉的影响之下。他们为制造幻觉的人建庙塑像，设立祭坛，超过了所有其他人。不管是过去的宗教幻觉还是现在的哲学和社会幻觉，这些牢不可破至高无上的力量，可以在我们这个星球上不断发展的任何文明的灵魂中找到。古代巴比伦和埃及的神庙、中世纪的宗教建筑，是为它们

---

①达荷美（Dahomey），是西非埃维维族在17世纪建立的封建国家。

而建；一个世纪以前震撼全欧洲的一场大动荡，是为它们而发动；我们的所有政治、艺术和社会学说，全都难逃它们的强大影响。有时，人类以可怕的动乱为代价，能够消除这些幻觉，然而他似乎注定还会让它们死而复生。没有它们，他不可能走出自己原始的野蛮状态；没有它们，他似乎很快就会重新回到这种野蛮状态。毫无疑问，它们不过是些无用的幻影，但是这些我们梦想中的产物，却使各民族创造出了辉煌壮丽值得夸耀的艺术和伟大文明。

如果有人毁掉那些博物馆和图书馆，如果有人把教堂前石板路上那些在宗教鼓舞下建起的一切作品和艺术纪念物统统推倒，人类伟大的梦想还会留下些什么呢？让人们怀抱着那些希望和幻想吧，不然他们是活不下去的。这就是存在着诸神、英雄和诗人的原因。科学承担起这一任务已有50年的时间，但是在渴望理想的心灵里，科学是有所欠缺的，因为它不敢做出过于慷慨的承诺，因为它不能撒谎，只是按照事实说话办事。

丹尼尔·勒絮尔（Daniel Lesueur）

十八世纪的哲学家热情地投身于对宗教、政治和社会幻想的破坏，我们的祖辈已在这种幻想中生活了许多世纪。他们毁灭了这些幻想，希望和顺从的源泉也就随之枯竭。幻想遭到扼杀之后，他们面对着盲目而无声无息的自然力量，而它对软弱和慈悲心肠一概无动于衷。哲学不管取得了多大进步，它迄今仍没有给群众提供任何能够让他们着迷的理想。然而群众无论付出多大的代价，他们必须拥有自己的幻想，于是他们便像趋光的昆虫一样，本能地转向那些迎合他们需要的巧舌如簧者。推动各民族演化的主要因素，永远不是真理，而是谬误。

3. 经验

经验几乎是唯一能够让真理在群众心中牢固生根、让过于危险的幻想归于破灭的有效手段。但是为了达到这个目的，经验必须发生在非常大的范围内，而且得以再出现。通常，一代人的经验对下一代人是没多少用处的。这就是一些被当作证据引用的历史事实达不到目的的原因。它们唯一的作用就是证明了，一种广泛的经验即使仅仅想成功地动摇牢固地根植于群众头脑中的错误观点，也需要一代又一代地反复出现。

史学家毫无疑问会把19世纪以及再早一些的年代当作一个充斥着奇异经验的时代，任何时代都没有做过如此多的试验。

最宏伟的试验就是法国大革命。发现一个社会有待于遵照纯粹理性的指导，从上到下翻新一遍，这必然会导致数百万人死于非命，让欧洲在20年里陷入深刻的动荡。为了用经验向我们证明，独裁者会让拥戴他们的民族损失惨重，需要在50年里来上两次破坏性试验。但是，虽然试验结果明确无误，好像仍然不那么令人信服。第一次试验的代价是300万人的性命和一次入侵，第二次试验导致割让领土并在事后表明了常备军的必要性。此后几乎还要来第三次试验。恐怕不定哪天它肯定会发生。要想让整个民族相信，庞大的德国军队并不像30年前普遍认为的那样，只是一支无害的国民卫队，就必须来上一次让我们损失惨重的战争。让人认识到贸易保护会毁掉实行这种制度的民族，至少需要20年的灾难性试验。这种例子显然不胜枚举。

4. 理性

在列举能够对群众心理产生影响的因素时，根本就没有必要提到理性，除非是为了指出它的影响的消极价值。

我们已经证明，群体是不受推理影响的，它们只能理解那些拼凑起来的观念。因此，那些知道如何影响它们的演说家，总是借助于它们的感情而不是它们的理性。逻辑定律对群体不起作用[①]。让群体相信什么，首先得搞清楚让他们兴奋的感情，并且装

[①] 影响群体的技巧无需借助于逻辑规则，我对这种现象的第一次观察要追溯到巴黎围困时期。有一天，我看到一群愤怒的人把一个将军押到当时的政府驻地——卢弗，因为他们怀疑他把设防计划卖给了普鲁士人。一位政府官员，一个非常出色的演说家，出来斥责了那些要求立刻处死这名囚犯的人。我本以为他要立刻指出这种指控的荒谬性，会说出这名军官其实就是设防人之一，并且那种计划在每家书店都可以买到。因为当时我还年轻，所以接下来发生了当时令我困惑不解的事——他说的话完全不同我的想象。"正义会得到伸张！"这位演说家向那位囚犯宣布，"正义铁面无私。让护国政府来决定你们的请求吧，但是其间我要先把他监禁起来。"群众的愤怒被这种让步平息了，人群立刻散去。十几分钟后将军便回到了家。如果当时这位演说家用逻辑论去对付那群愤怒的人，他必定被撕成碎片。只因为那时的我少不更事才会认为论证才能令人信服。

出自己也有这种感情的样子，然后以很低级的组合方式，用一些非常著名的暗示性概念去改变它们的看法，这样才能够——如果有必要的话——再回到最初提出的观点上来，慢慢地探明引起某种说法的感情。这种根据讲话的效果不断改变措辞的必要性，使一切有效的演讲完全不可能事先进行准备和研究。在这种事先准备好的演讲中，演讲者遵循的是自己的思路而不是听众的思路，仅这一个事实就会使他不可能产生任何影响。

讲究逻辑的头脑，惯于相信一系列大体严密的论证步骤，因此在向群众讲话时，难免会借助于这种说服的方式有位逻辑学家写道："通常，建立在三段论上——即建立在一组公式上——的数学结论是不可更改的……由于这种不可更改的性质，即使是无机物，如果它能够演算这一组公式的话，也会不得不表示同意。"这话说得当然不错，然而群体并不比无机物更能遵守这种组合，它甚至没有理解的能力。只要尝试一下用推理来说服原始的头脑——例如野蛮人或儿童的头脑——即可知道这种论说方式是多么不值钱。

如想看清楚同感情对抗的理性是多么苍白无力，甚至不必降低到这么原始的水平。我们只要想一下，就在几百年前，与最简单的逻辑也不相符的宗教迷信是多么顽强！在接近两千年的时间里，最清醒的天才也不得不在它们的规矩面前俯首称臣。只是到了现代，它们的真实性才多少受到了一些挑战。即使中世纪和文艺复兴时代也没有一个人通过理性思考，认识到宗教迷信中蛊惑人心的一面。

群体从来不受理性的指引，是否该对此表示遗憾？毫无疑问，是幻觉引起的激情和愚顽，激励着人类走上了文明之路。作为支配着我们的无意识的力量的产物，这些幻觉无疑是必要的。每个种族的精神成分中都会有一种难以抑制的冲动，只能服从这些定律，即使这种冲动显然极不合理。

我们若想对这些力量有一点认识，就必须研究一个民族的整个进化过程，而不是这一进化过程不时出现的一些孤立的事实。如果只考虑这些事实，历史就会变得仿佛是一连串不可能的偶然性所造成的结果。一个加利利的木匠① 似乎不可能变成一个持续2000年之久的全能的神，使最重要的文明以他为基础形成；一小撮从沙漠里冒出来的阿拉伯人，似乎不太可能征服希腊罗马世界的大部分地区并建立起比亚历山大的领土更大的帝国；在欧洲已经十分发达、各地政权都已有了等级森严的制度的时代，区区一个炮兵中尉似乎不太可能征服众多民族及其国王。

因此，还是让我们把理性留给哲人，不要过于强烈地坚持让它插手对人的统治吧。一切文明的主要动力并不是理性，尽管存在着理性，文明的动力仍然是各种感情，诸如尊严、自我牺牲、宗教信仰、爱国主义以及对荣誉的爱等。

---

①加利利的木匠（a Galilean carpenter），这里指耶稣。耶稣一家居住在古巴勒斯坦的加利利地区。耶稣是木匠的儿子，自己也曾做过木匠。

第三节 群体领袖及其说服的手法

---- **本节提要** ----

（1）群体的领袖

一切群体动物有着服从头领的本能需要．群体领袖的心理．只有他们能够使群众有所信仰并把他们组织起来．领袖的专制．领袖的分类．意志的作用

（2）领袖的动员手段：断言、重复和传染

这些手段的不同作用．相互传染从社会下层向上层蔓延的过程．民众的意见不久就会成为普遍意见

（3）声望

声望的定义和分类．先天的声望和个人声望．不同的实例．声望受到破坏的方式

我们现在已经了解了群体的精神构成，我们也明白了能够对他们的头脑产生影响的力量。仍然有待研究的是，这些力量是如何发挥作用的，以及是什么人把它们有效地转变成了实践的力量。

1. 群体的领袖

只要有一些生物聚集在一起，不管是动物还是人，都会本能地让自己处在一个头领的统治之下。

就人类的群体而言，所谓头领，有时不过是个小头目或扇风点火的人，但即使如此，他的作用也相当重要。他的意志使群体形成意见并取得一致的核心。

领袖最初往往不过是被领导者中的一员。他本人也是被一些观念所迷惑，然后才变成了它的使徒。他对这些观念十分着迷，以至除此之外的一切事情都消失了。在他看来，一切相反的意见都是谬论或迷信。这方面的一个例子是罗伯斯庇尔，他对卢梭的哲学观念如醉如痴，在传播它们时竟然采用了宗教法庭的手段。

我们所说的领袖，更有可能是个实干家而非思想家。他们并没有头脑敏锐、深谋远虑的天赋，他们也不可能如此，因为这种品质一般会让人犹疑不决。在那些神经有毛病的、好兴奋的、半癫狂的，即处在疯子边缘的人中间，尤其容易产生这种人物。不管他们坚持的观念或追求的目标多么荒诞，他们的信念是如此坚定，这使得任何理性思维对他们都不起作用。他们对别人的轻蔑和保留态度无动于衷，或者这只会让他们更加兴奋。他们牺牲自己的利益和家庭——牺牲自己的一切。自我保护的本能在他们身上消失得无影无踪。在绝大多数情况下，他们孜孜以求的唯一回报就是以身殉职。他们强烈的信仰使他们的话具有极大的说服力。群众总是愿意听从意志坚强的人，而他也知道如何迫使他们接受自己的看法。聚集成群的人会完全丧失自己的意志，本能地转向一个具备他们所没有的品质的人。

各民族从来就不缺领袖，然而，他们并非全都受着那种适合于使徒的强烈信念的激励。这些领袖往往熟悉巧言令色之道，一味追求私利，用取悦于无耻的本能来说服众人。他们利用这种方式可能产生极大的影响，然而这只能奏效于一时。有着狂热的信仰，能够打动群众灵魂的人，像隐士彼得①、路德②、萨伏那罗

①彼得（Peter），又称西蒙彼得，西蒙是他的名字，彼得是耶稣给他取的绰号，意"石头"。
②路德（Martin Luther，1483~1546），奥古斯汀教团教士，维滕贝格大学教师。他坚决反对罗马天主教，并发动过对罗马教廷的运动。

拉^①之流，以及法国大革命中的人物，他们有着强烈的信仰，能够迷醉大众的灵魂，但前提是，他们自己先被某种信条搞得想入非非之后，才能够迷惑别人。这样他们才能够在自己信众的灵魂里唤起一股坚不可摧的力量，即所谓的信仰，它能让一个人变得完全受自己的梦想奴役。

无论信仰是宗教的、政治的或社会的，也无论这信仰的对象是一本书、一个人或一种观念，信仰的建立永远取决于人群中伟大领袖的作用。正是在这一点上，他们有着非常巨大的影响力。在人类所能支配的一切力量中，信仰的力量最为惊人。《福音》书上说，它有移山填海的力量，一点也不假。使一个人具有信仰，就是让他强大了十倍。重大的历史事件一直是由一些籍籍无名的信徒创造的，他们除了自己赞成的信仰之外，几乎什么也不知道。传遍全球的伟大宗教，或是从这半球扩张到另一半球的帝国，它们之所以建立，靠的并不是学者或哲学家的帮助，更不是怀疑论者的帮助。

不过，对于以上提到的这些事情，我们所关注的是那些伟大的领袖人物，他们为数甚少，史学家很容易把他们一清点出来。他们构成了一个连续体的顶峰，其上是些权势显赫的主子，下面则是一些出力的人，在烟雾缭绕的小酒馆里，他们不停地向自己

①萨伏那罗拉（Girolamo Savonarola，1452~1498），意大利佛罗伦萨人民起义领袖。

同伴的耳朵里灌输着只言片语，慢慢地使其入迷。对于那些话的含义，他们自己也很少理解，但是根据他们的说法，只要将其付诸实行，一定会导致一切希望和梦想的实现。

在每个社会领域，从最高贵者到最低贱者，人只要一脱离孤独状态，立刻便处在某个领袖的影响之下。大多数人，尤其是群众中的大多数人，除了自己的行业之外，对任何问题都没有清楚而合理的想法。领袖的作用就是充当他们的引路人。不过，他也可以被定期出版物所取代，虽然往往效果不佳。这些定期出版物制造有利于群众领袖的舆论，向他们提供现成的套话，使他们不必再为说理操心。

群众领袖握有非常专制的权威，这种专制性当然是他们得到服从的条件。人们经常注意到，他们的权威无须任何后盾，就能轻易使最狂暴的人听命于自己。他们规定工时和工资比例，他们发出罢工命令，何时开始何时结束，全凭他们一声令下。

如今，由于政府甘心受人怀疑，使自己越来越没有力量，因此这些领袖和鼓动家正日益倾向于攫取政府的位置。这些新主子的暴政带来的结果是，群众在服从他们时，要比服从政府温顺得多。如果因为某种变故，领袖从舞台上消失，群众就会回到当初群龙无首不堪一击的状态。在一次巴黎公共马车雇员的罢工中，两个指挥的领袖一被抓起来，罢工便立刻结束。在群体的灵魂中占上风的，并不是对自由的要求，而是当奴才的欲望。他们是如此倾向于服从，因此不管谁自称是他们的主子，他们都会本能地表示臣服。

这些首领和煽动家可以分成明显不同的两类。一类包括那些充满活力，但只一时拥有坚强意志的人。和他们相比，另一类人更为罕见，他们的意志力更持久。前一种人一身蛮勇，在领导突然决定的暴动、带领群众冒死发难、让新兵一夜之间变成英雄这些事情中，他们特别派得上用场。第一帝国时代的内伊①和缪拉②就属于这种人，在我们这个时代，加里波第③也属于这种人物，他虽一无所长，却是个精力充沛的冒险家，他只带领一小撮人，就能够拿下古老的那不勒斯王国，尽管它受着一支纪律严明的军队的保护。

不过，这类领袖的活力虽是一种应予考虑的力量，它却不能持久，很难延续到使它发挥作用的兴奋事件之后。当这些英雄回到日常生活中时，就像我刚才谈到的情况一样，他们往往暴露出最惊人的性格弱点。他们虽然能够领导别人，却好像不能在最简单的环境下思考和支配自己的行为。他们是这样一些领袖，在某

①内伊（Michel Ney，1769~1801），埃尔欣根公爵，莫斯科亲王，法兰西第一帝国元帅。

②缪拉（Joachim Murat，1767~1815），法兰西第一帝国元帅，贝格大公，那不勒斯国王。

③里波第（Giuseppe Garibaldi，1807~1882），意大利爱国志士和军人，对意大利统一运动有着极大的贡献。

些条件下，他们本人也受人领导并不断地受到刺激，总是有某个人或观念在指引着他们，有明确划定的行动路线可供他们遵循，不然他们就不能发挥自己的作用。而另一类领袖，即那些能够持续保持意志力的人，尽管不那么光彩夺目，其影响力却要大得多。在这类人中，可以找到各种宗教和伟业的真正奠基人，例如圣保罗、哥伦布和德·雷赛布①皆是。他们或是聪明，或是心胸狭隘，这都无关紧要——世界是属于他们的。他们所具备的持久的意志力，是一种极为罕见、极为强大的品质，它足以征服一切。强大而持久的意志能够成就什么，并不总是能够得到充分的评价。没有任何事情能阻挡住它，无论自然、上帝，还是人，都不能。

强大而持久的意志能够造成什么结果，德·雷赛布为我们提供了一个最近的例子。他是一个把世界分成东西两半的人，他所成就的事业，过去3000年里曾有最伟大的统治者徒劳地做过尝试。他后来败在一项类似的事业上，但那是因为他年事已高的缘故。包括意志在内的一切事情，都会在衰老面前屈服。

如想说明单凭意志的力量能够完成什么事业，只须仔细想一下与开凿苏伊士运河时必须克服的困难有关的历史记载即可。一位见证人用令人印象深刻的寥寥数语，记录下了这项伟大工程的作者所讲述的整个故事。

①德·雷赛布，苏伊士运河的开通者。通过这个工程，雷赛布名利双收。

日复一日，不管遇到什么事情，他都在讲着那个关于运河的惊人故事。他讲述他所战胜的一切、他如何把不可能变为可能、他遇到的一切反对意见、与他作对的所有联盟。他经历的所有失望、逆境和失败，都没能让他灰心丧气。他追忆英国如何打击他、法国和埃及如何迟疑不决、工程初期法国领事馆如何带头反对他，以及他所遇到的反对的各种情况。有人试图用拒绝供应饮水使他的工人因口渴而逃跑。他还谈到，海军部长和工程师，一切富有经验、受过科学训练并且有责任心的人，全都自然而然地变成了他的敌人，他们全都站在科学立场上，断定灾难就在眼前，预言它正在逼近，并且计算出它会在某日某时发生，就像预测日蚀一样。

涉及所有这些伟大领袖生平的书，不会包含太多的人名，但是这些名字却同文明史上最重大的事件联系在一起。

2. 领袖的说服方式：断言、重复和传染

如果想在很短的时间里激发起群体的热情，让他们采取任何性质的行动，比如掠夺宫殿、誓死守卫要塞或阵地，就必须让群体对暗示做出迅速的反应，其中效果最大的就是榜样。不过为了达到这个目的，群体应当在事前就有一些环境上的准备，尤其是希望影响他们的人应具备某种品质，对于这种有待于做深入研究的品质，我称之为声望。

但是，当领袖们打算用观念和信念——例如利用现代的各种

社会学说——影响群体的头脑时，他们所借助的手段各有不同。其中有三种手段最为重要，也十分明确，即断言法、重复法和传染法。它们的作用有些缓慢，然而一旦生效，却有持久的效果。

做出简洁有力的断言，不理睬任何推理和证据，是让某种观念进入群体头脑最可靠的办法之一。一个断言越是简单明了，证据和证明看上去越贫乏，它就越有威力。一切时代的宗教书和各种法典，总是诉诸简单的断言。号召人们起来捍卫某项政治事业的政客、利用广告手段推销产品的商人，全都深知断言的价值。

但是，如果没有不断地重复断言，而且要尽可能措辞不变，它仍不会产生真正的影响。我相信拿破仑曾经说过，极为重要的修辞法只有一个，那就是重复。得到断言的事情，是通过不断重复才在头脑中生根，并且这种方式最终能够使人把它当作得到证实的真理接受下来。

只要看一看重复对最开明的头脑所发挥的力量，就可以理解它对群体的影响。这种力量是来自这样一个事实，即从长远看，不断重复的说法会进入我们无意识的自我的深层区域，而我们的行为动机正是在这里形成的。到了一定的时候，我们会忘记谁是那个不断被重复的主张的作者，我们最终会对它深信不疑。广告之所以有令人吃惊的威力，原因就在这里。如果我们成百上千次读到"某某牌巧克力是最棒的巧克力"，我们就会以为自己听到四面八方都在这样说，最终我们会确信事实就是如此。如果我们成百上千次读到某某牌药粉治好了身患顽症的最知名的人士，那一旦我们患上了类似的疾病，我们终究会忍不住也去试用一下。如果我们总是在同一家报纸上读到张三是个臭名昭著的流氓、李四是最诚实的老实人，我们最终会相信事实就是如此，除非我们再去读一家观点相反、把他们的品质完全颠倒过来的报纸。把断言和重复分开使用，它们各自都具备足够强大的力量相互拼杀一番。

如果一个断言得到了有效的重复，在这种重复中再也不存在异议。就像在一些著名的金融项目中，富豪足以收买所有参与者一样，此时就会形成所谓的流行意见，强大的传染过程于此启动。各种观念、感情、情绪和信念，在群众中都具有病菌一样强大的传染力。这是一种十分自然的现象，因为甚至在聚集成群的动物中，也可以看到这种现象。马厩里有一匹马踢它的饲养员，另一匹马也会起而效尤；几只羊感到惊恐，很快也会蔓延到整个羊群。在聚集成群的人中间，所有情绪也会迅速传染，这解释了恐慌的突发性。头脑混乱就像疯狂一样，它本身也是易于传染的。在自己是疯病专家的医生中间，不时有人会变成疯子，这已是广为人知的事情。当然，最近有人提到一些疯病，例如广场恐怖症，也能由人传染给动物。

每个人都同时处在同一个地点，并不是他们受到传染不可或缺的条件。有些事件能让所有的头脑产生一种独特的倾向以及一种群体所特有的性格，在这种事件的影响下，相距遥远的人也能感受到传染的力量。当人们在心理上已经有所准备，受到了我前面研究过的一些间接因素的影响时，情况尤其如此。这方面的一个事例是1848年的革命运动，它在巴黎爆发后，便迅速传遍大半个欧洲，使一些王权摇摇欲坠。

很多影响要归因于模仿，其实这不过是传染造成的结果。我在另一本著作中对它的影响已经做过说明，因此这里我只想提一段15年前我就这一问题说过的话。下面引述的观点已由另一些作者在最近的出版物中做了进一步的阐发。

人就像动物一样有着模仿的天性。模仿对他来说是必然的，因为模仿总是一件很容易的事情。正是因为这种必然性，才使所谓时尚的力量如此强大。无论是意见、观念、文学作品，还是服装，有几个人有足够的勇气与时尚作对？支配着大众的是榜样，不是论证。每个时期都有少数个人同其他人作对并受到无意识的群众的模仿，但是这些有个性的人不能过于明目张胆地反对公认的观念。他们要是这样做的话，会使模仿他们变得过于困难，他们的影响也就无从谈起。正是由于这个原因，过于超前于自己时代的人，一般不会对它产生影响。这是因为两者过于界限分明。也是由于这个原因，欧洲人的文明尽管优点多多，他们对东方民族却只有微不足道的影响，因为两者之间的差别实在是太大了。

从长远来看，历史与模仿的双重作用会使同一个国家、同一个时代的所有人产生影响，使得他们具备相似性，甚至那些好像坚决不受这种双重影响的人，比如哲学家、博学之士和文人，他们的思想和艺术风格也会惊人地相似。根据这些相似性，我们便能判断出他们属于哪个时代。我们没有必要同一个人做长时间的交谈，因为根据这种相似性我们就能基本判断一个人读过什么书、他有什么样的消遣习惯、他的生活环境如何，等等。①

传染的威力甚大，它不但能迫使个人接受某些意见，而且能让他接受一些感情模式。历史上的一些著作会在某个时期受到蔑视，比如《唐豪塞》②就是如此，这是因为传染在作祟。同样因为传染的作用，几年后，那些曾经持批评态度的人，又突然对它大加赞赏。

群体的意见和信念尤其会传染，但绝不会因为推理而得到普及。目前流行于工人阶级中的学说，是他们在公共场所学到的，这是断言、重复和传染的成果。当然，每个时代创立的群众信仰的方式，也大都如出一辙。

---

①详细论述参见勒庞的《人及其社会》，第2卷，第116页。

②《唐豪塞》是一部三幕歌剧，作者瓦格纳。1845年10月在德累斯顿皇家歌剧院首次演出。

应当指出，与我前面提到的情况相似，传染在作用于广大民众之后，也会扩散到社会的上层。今天我们看到，社会主义信条就出现了这种现象，它正在被那些会成为它首批牺牲者的人所接受。传染的威力是如此巨大，在它的作用下，甚至个人利益的意识也会消失得无影无踪。

根据这些，我们便可以得出一个事实：不管是什么样的观念，只要得到民众的认同，最终都会以其强大的力量在社会的最上层扎根。这种力量是极其强大的，坚不可摧，即使获胜的那种意见是显而易见荒谬的也没有关系。社会下层对社会上层的这种反作用是个更为奇特的现象，因为群众的信念多多少少总是起源于一种更高深的观念，而它在自己的诞生地往往一直没有什么影响。领袖和鼓动家被这种更高深的观念征服以后，就会把它取为己用，对它进行歪曲，组织起使它再次受到歪曲的宗派，然后在群众中加以传播，而他们会使这个篡改过程更上一层楼。观念变成大众的真理，它就会回到自己的发源地，对一个民族的上层产生影响。纵观历史，好像是智力在塑造着世界的命运，但这种作用十分间接。通过我所描述的过程，当哲学家的思想逐渐形成了自己的思想，最终战胜群众，获得胜利，而提出观念的先哲们早已化为尘土。

3. 声望

利用断言、重复和传染进行普及的观念，因环境而获得了巨大的威力，这时它们就会具有一种神奇的力量，即所谓的声望。

世界上不管什么样的统治力量，无论它是观念还是人，其权力得到加强，主要都是利用了一种难以抗拒的力量，它的名称就是"声望"。每个人都了解这个词的含义，但是其用法却十分不同，因此不易作出定义。声望所涉及到的感情，既可以是赞赏，也可能是畏惧。有时这些感情是它的基础，但是没有它也完全能够存在。最大的声望归死人所有，即那些我们不再惧怕的人，例如亚历山大、凯撒、穆罕默德和佛祖。此外还有一些我们并不赞赏的虚构的存在——印度地下神庙中那些可怕的神灵，但是它们因为具有声望而让我们害怕。

在现实中，声望是某个人、某本著作或某种观念对我们头脑的支配力。这种支配会完全麻痹我们的批判能力，让我们心中充满惊奇和敬畏。这种感觉就像所有感情一样难以理解，不过它好像与魅力人物所引起的幻觉没有什么不同。声望是一切权力的主因。不管神仙、国王还是美女，缺了它一概没戏。

形形色色的声望总括起来可以分为两大类：先天的声望和个人声望。先天的声望来自称号、财富和名誉。它可以独立于个人的声望。相反，个人声望基本上为一个人所特有，它可以和名誉、荣耀、财富共存，或由此得到加强，不过没有这些东西，它也完全能够存在。

先天的或人为的声望更为常见。一个人占据着某种位置、拥有一定的财富或头衔，仅仅这些事实，就能使他享有声望，不管他本人多么没有价值。一身戎装的士兵、身着法袍的法官，总会令人肃然起敬。帕斯卡尔[①] 则正确地指出，法袍和假发是法官必不可少的行头。没了这些东西，他们的权威就会损失一半。即使是最狂放不羁的人，王公爵爷的头衔对他也多少总会有所触动。因为拥有这种头衔会使得讹诈商业人士变得冠冕堂皇和轻而易举[②]。

以上所说的这种声望，是由人来体现的，在这些声望之外，还有一些声望体现在各种意见、文学和艺术作品等事物中。后者的声望往往只是长年累月重复的结果。历史，尤其是文学和艺术的历史，不过就是在不断地重复一些判断。谁也不想证实这些判断，每个人最后都会重复他从学校里学到的东西，直到出现一些再没人敢于说三道四的称号和事物。对于一个现代读者来说，研读荷马肯定是极令人生厌的事，然而谁敢这么说？帕特农神庙按

---

① 帕斯卡尔（Blaise Pascal, 1623~1662），法国著名的数学家、物理学家、哲学家和散文家。

② 无论是哪个国家，大众都会受到官衔、勋章和军装的影响，即使是在极度追求个人独立意识的国家也是如此。假如一个贵族能够保住自己的财产和身份，那么就可以断定民众一定会爱戴他。只要能和他交往，群体甚至会心甘情愿地把自己的一切都交付到他手中。当这个贵族露面时，民众会高兴得脸上泛红；如果贵族同他们说话，抑制不住的愉快会让他们面红耳赤，眼睛里闪烁着不同寻常的光芒。可以说，民众的血液里流淌着对贵族的崇敬，正像西班牙人热爱舞蹈与斗牛、德国人热爱音乐与机械、意大利人喜欢恋爱与足球、法国人喜欢美食与革命一样。民众甚至到处搜罗描述贵族生活的书，出版商也刻意迎合民众的这个需求，以至于这种书随处可见，就像人手一部的圣经。而这类东西带给他们的满足和骄傲，几乎算得上他们生活不可分割的一部分。

其现存的状态，不过是一堆非常没有意思的破败废墟，但是历史赋予了它巨大的声望使它看起来不是那个样子，它因此找回了曾经失去的价值。

声望的特点就是阻止我们看到事物的本来面目，让我们的判断力彻底麻木。群众就像个人一样，总是需要对一切事情有现成的意见。这些意见的普遍性与它们是对是错全无关系，它们只受制于声望而已。

现在我来谈谈个人的声望。它的性质完全不同于我刚才说过的那些人为的或先天的声望。这是一种与一切头衔和权力无关的品质，而且只为极少数人所具备，它能使他们对自己周围的人施以真正神奇的幻术，即使这些人与他们有着平等的社会地位，而且他们也不具备任何平常的统治手段。他们强迫周围的人接受他们的思想与感情，众人对他的服从，就像吃人毫不费力的动物服从驯兽师一般。

伟大的群众领袖，如佛祖、耶稣、穆罕默德、圣女贞德和拿破仑，都享有这种极高的声望，他们所取得的地位也同这种声望特别有关。各路神仙、英雄豪杰和各种教义，能够在这个世界上大行其道，都是因为各有其深入人心的力量。当然，对他（它）们是不能探讨的，只要一探讨，他（它）们便烟消云散。

我提到的这些人在成名之前，早就具备一种神奇的力量，没有这种力量他们也不可能成名。比如说，达到荣耀顶峰时的拿破仑，仅仅因为他的权力这一事实，就享有巨大的声望，但是在他没有这种权力，仍然籍籍无名时，他就已经部分地具备了这种声望。当他还是个名不见经传的将军时，多亏了那些有权势者要保护自己，他被派去指挥意大利的军队。他发现自己处在一群愤怒的将军中间，他们一心要给这个总督派来的年轻外来户一点颜色瞧瞧。从一开始，从第一次会面时起，他没有借助于任何语言、姿态或威胁，他们一看到这个就要变成大人物的人，就被他征服了。泰纳利用当时的回忆录，对这次会面做了引人入胜的说明。

在军队中，有一个叫奥热罗的将军蛮横霸道，是个十足的武夫。他很为自己的高大身材和彪悍扬扬自得，并对拿破仑很不服气。他带着一肚子的怒火来到军营，对巴黎派来的那个暴发户嗤之以鼻。在前来军营前，他早已风闻此人是何等强大之类的话，但他对这些说法不屑一顾，准备采用沉默的方式应对。拿破仑是巴拉斯的宠儿，因为参与镇压旺代事件而得到将军头衔。他还在学校的时候就每天打架斗殴，并不好好学习，因此什么成绩都没有，而且相貌不佳，却怀着当数学家和梦想家的想法。

他们被带来了，波拿巴让他们等在外边。他终于佩带着自己的剑出现在他们面前。他带上帽子，说明了他所采取的措施，下达命令，然后让他们离开。奥热罗一直沉默不语。直到出门后他才重新找回了自信，让自己能够像通常那样骂骂咧咧地说话。他同意马塞纳的看法，这个小个子魔鬼将军让他感到敬畏，他无法理解那种一下子就把他压倒的气势。

拿破仑成为大人物后，他的声望与他的荣耀同步增长，至少在他的追随者眼里，他和神灵的声望已不相上下。旺达姆将军，一个粗汉、大革命时代的典型军人，甚至比奥热罗更粗野，1815年，在与阿纳诺元帅一起登上杜伊勒利宫的楼梯时，他对元帅谈到了拿破仑："那个魔鬼般的人物对我施用的幻术，我自己也搞不懂为何如此厉害。一看到他，我就像个小孩子一样禁不住打颤。他简直能够让我钻进针眼，投身火海。"

拿破仑对和他接触过的所有人，都能产生这种神奇的影响①。达武是拿破仑手下的一名将军，在谈到马雷和他本人的奉献精神时说："如果皇帝对我们说，'去，毁灭巴黎，不让一个人活着或

---

① 拿破仑完全意识到了自己的声望，他知道，如果把自己身边的人看得连马夫都不如，他的声望就会更上一层楼。这些人中包括国民议会里的一些令欧洲人心惊胆战的显赫人物。当时的许多闲谈都可说明这一事实。在一次国务会议上，拿破仑就曾粗暴地羞辱过伯格诺，其无礼就像对待一个男仆。发生效果后，他走到这人面前说："喂，笨蛋，你带脑子了吗？"伯格诺，一身身躯高大的人，深深地躬着腰。而那个小个子伸手揪住大个子的耳朵，把他提了起来。"这是令人心醉的宠信的表示，"伯格诺写道，"这是主人发怒时常见的亲见举动。"通过这些事例，我们可以清楚地认识到，为了声望人们能够编造出多么无耻的陈词滥调出来。我们也看到了，如果是一个暴君，那么肯定会对手下采取极为轻蔑的态度，因为在他们看来，这些人只是替他卖命的工具，无足轻重就像所谓的"炮灰"一般。

跑掉，这对于我的政策至关重要'，我相信马雷是会为他保密的。不过，他还不至于顽固到不顾家人的死活，所以会事先告知家人让他们离开这座城市。而我却不会这样做。因为我担心一旦泄露真情，后果会不堪设想，所以会留下妻儿不管不顾。"

对于这种令人神魂颠倒的可怕力量，我们必须铭记于心。只有这样我们才能够理解拿破仑从厄尔巴岛①返回法国的壮举——他完全成为了孤家寡人，整个法国都为他的暴政感到厌倦，然而他的魔力却闪电般地又征服了这个国家。有些将军本来信誓旦旦，要阻止他执政，而且发誓一定要将这个使命执行到底。谁知道拿破仑只是看了一眼，他们就屈服于那种神奇的力量了。

英国将军沃斯理写道："拿破仑，一个来自他的王国厄尔巴岛的逃犯，几乎是孤身一人在法国登陆，几周之内便把合法国王统治下的法国权力组织统统推翻。想证明一个人的权势，还有比这更惊人的方式吗？在他的这场最后战役中，从头至尾，他对同盟国又施加了多么惊人的权势！他们让他牵着鼻子走，他差一点就打败他们！"

他的声望长于他的寿命，而且有增无减。他的声望让他的一个籍籍无名的侄子②变成了皇帝。直到今天他的传奇故事仍然不绝

①厄尔巴岛，位于意大利中部托斯卡纳大区西边海域。拿破仑就被流放于此。
②即路易·拿破仑·波拿巴，人称拿破仑三世，法兰西第二共和国总统。

于耳，足见对他的怀念是多么强烈。随心所欲地迫害人，为了一次次的征伐，就让数百万人死于非命——只要你有足够的声望和付诸实施的天才，人们就会允许你这样做。

不错，我所谈的都是声望的一些极不寻常的例子。但是为了了解那些伟大的宗教、伟大的学说和伟大的帝国的起源，提提这些事例是有好处的。没有这种声望对群众的影响，这些发展就会成为不可思议的事情。

但是，声望并不是完全以个人的权势、军事业绩或宗教敬畏为基础。它可以有较为平庸的来源，其力量也相当可观。我们这个世纪便提供了若干实例。能够让后人世代不忘的最惊人的事例之一，是那个把大陆一分为二，改变了地球面貌和通商关系的著名人物的故事。他完成了自己的壮举，是因为他有强大的意志，也因为他能让自己周围的人着迷。为了克服他遇到的无数反对，他只让自己的表现说话。他言语简洁，他的魅力可以化敌为友。英国人反对他的计划尤其卖力，但是他一出现在英国，就把所有选票都争取到了自己一边；晚年他路过南安普顿①时，一路上教堂钟声不断；如今又有一场运动在英国展开，要为他树立一座塑像。

征服了必须征服的一切——人和事、沼泽、岩石、沙地——之后，他不再相信还有什么事情能挡住他，他想在巴拿马再挖一

---

① 南安普顿，英国英格兰南岸的城市和大海港。

条苏伊士运河。他按老办法着手这项工程，但是他已上了年纪。此外，虽有移山填海的信念，如果那山过于高大，也是没办法移动的。山会进行抵抗，后来发生的灾难，也抹去了这位英雄身上耀眼的光环。他的一生说明了声望如何出现，也说明了它如何消失。在成就了足以同历史上最伟大的英雄媲美的业绩之后，他却被自己家乡的官僚打入最下贱的罪犯之流。他去世时没人留意，灵柩经过处，是一群无动于衷的民众。只有外国政府像对待历史上每个最伟大的人一样，怀着敬意对他表示纪念①。

---

①奥地利的维也纳《新自由报》用了很长的篇幅叙述了雷赛布的命运，其中的思考堪称最卓越的心理学见识，因此，我把它转引如下：

"在费迪南·德·雷赛布受到指控后，人们无权再对哥伦布的可悲下场表示惊讶。如果雷赛布是个骗子，那么一切高贵的幻想便都成了犯罪。古人会用荣耀的光环来纪念他，会让他饮下奥林匹克的甘露，因为他改变了地球的面貌，完成了使万物更加完美的任务。上诉法院的首席法官因为指控费迪南·德·雷赛布而成了不朽的人物，因为各民族总是需要一些人，他们不害怕把信徒的帽子扔向一位老人——他的一生为当代人增光——以此贬低自己的时代。

"在资产阶级憎恨大胆创举的地方，再也不要谈论什么不可动摇的正义的未来！民族需要勇士，他们充满自信，克服了所有的障碍，不在乎个人的安危。天才不可能谨小慎微，一味谨小慎微，是绝对不可能扩大人类的活动范围的。

"费迪南·德·雷赛布知道凯旋的狂喜与挫折的创痛——苏伊士和巴拿马。在这一点上，这颗心对成功的道德进行了反叛。当雷赛布成功地贯通了两个海洋时，国王和人民向他致敬；如今，当他败下科迪雷拉斯的岩石面前时，他不过是个毫无教养的骗子。从这种结局中我们看到了社会各阶级之间的战争，看到了资产阶级和雇主们的不满，他们借助于刑法，对那些在其同胞中出类拔萃的人施以报复。在面对人类天才高远的理想时，现代立法者心里充满窘迫，而公众对这些理想也不甚理解。一个大律师不难证明，斯坦利（比利时著名探险家）是个疯子，雷赛布也是个骗子。"

　　上面提到的这些事仍然属于极端的例子。要想对声望的心理学有细致的认识，把它们置于一系列事例中的极端是必要的。这个系列的一端是宗教和帝国的创立者，另一端则是用一项新帽子或一件新服饰向邻居炫耀的人。

　　在这一系列事例的两极之间，文明中的各种不同因素——科学、艺术、文学等所导致的一切不同形式的声望，都有一席之地，并且可以看到，声望是说服群众的一个基本因素。享有声望的人、观念或物品，会在传染的作用下，立刻受到人们自觉不自觉的模仿，使整整一代人接受某些感情或表达思想的模式。进一步说，这种模仿通常是不自觉的，这解释了它的彻底性这一事实。临摹某些原始人的单调色彩和僵硬姿态的现代画家，很少能够比他们灵感的来源更有生命力。他们相信自己的真诚，但若是没有哪个杰出的大师复活了这种艺术形式，人们便会一直只看到他们幼稚低级的一面。那些模仿另一位著名大师的艺术家，在他们的画布上涂满了紫罗兰色的暗影，但是他们在自然界并没有看到比50年前更多的紫罗兰。他们是受了另一位画家的个性和特殊印象的影响，即受到了他的"暗示"，而这位画家尽管古怪，却成功地获得了巨大的声望。在文明的所有因素中，都可以举出类似的例子。

　　由以上论述可知，声望的产生与多种因素有关，而其中成功永远是最重要的一个因素。只要一个人是成功者，只要这个观念得到大家的一致认可，那么他就会因为成功而不再受到人们的怀疑。成功是通向声望的主要台阶，其证据就是成功一旦消失，声望几乎也总是随之消失。昨天受群众拥戴的英雄一旦失败，今天就会受到侮辱。当然，声望越高，反应也会越强烈。在这种情况下，群众会把陌路英雄视为自己的同类，为自己曾向一个已不复存在的权威低头哈腰而进行报复。当年罗伯斯庇尔把自己的同伙和大量的人处死时，他享有巨大的声望。当几张选票的转移剥夺了他的权力时，他便立刻失去了声望，群众齐声咒骂着把他送上了断头台，正像不久前对待他的牺牲品一样。信徒们总是穷凶极恶地打碎他们以前神灵的塑像。

缺少成功的声望，会在很短的时间里消失。不过它也可以在探讨中受到磨蚀，只是时间要更长一些。不管怎么说，探讨的力量是极为可靠的。当声望成为问题时，便不再是声望。能够长期保持声望的神与人，对探讨都毫不宽容。因为只有与分析探讨保持一定的距离，才能长久地保持群体对他的敬仰。

第四节 群体的信念和主张的变化限度

本节提要

（1）坚定的信念

某些普遍信念的不变性——它们决定文明的进程·根除它们面临的困难·一种信念在哲学上表现出的荒谬性不会妨碍它的传播

（2）群体主张的多变性

不是源自普通信念的意见极端不稳定·近百年各种思想和信念的明显变化·这种变化的真正限制条件·受变化影响的事物·普遍信念消失的情况愈演愈烈，报纸传媒的极度扩散，导致了舆论越来越变幻莫测·为什么群体的舆论倾向于让绝大部分的受众变得越来越麻木·政府现在无力像过去那样来引导舆论·现在的舆论因为它们过分的分散而要严防出现专制

1. 坚定的信念

心理特征与生物解剖学特征有许多极为相似的方面。从解剖学特征来看，地球上存在着一些不易改变或只能细微改变的因素，要改变这些因素需要以地质年代作为计算单位。当然，在这些不易改变的或稳定的因素之外，还存在一些极易改变的因素。比如畜牧业和园艺业，通过一些人为技术就能将动物或植物改头换面，甚至能使观察者察觉不到一点儿它们原本所具有的基本特征。

从心理特征出发，同样的现像仍然存在。比如一个种族，除了那些稳定的心理特征，还存在一些极易改变的特征。因此，当我们对一个民族的信仰和观念进行研究时，就需要特别注意了。因为总会有一些额外的观念和主张移植在原本稳定的基础之上，这些被移植过来的主张和观念极为多变，就像暂存于岩石上的流沙一样。

根据以上的分析，可以将群体的见解和信念分成两类，而且是反差很大的两个类别。一类就是我们拥有的重要且永恒的信仰，即使经历了百年的风风雨雨，它们也不会有什么改变。它们是整个文明的基础，比如，在过去有像封建主义、基督教和新教这样的信仰，现在有民族主义、民主和社会主义等观念。另一类就是一些暂时的而且易变的观念和见解。它们通常都是一个时代的短时间内的产物，来得快，去得也快。由那个时代一些普遍的学说引发，比如影响文学艺术的各种理论就是这方面最好的例子。这些理论产生过浪漫主义、自然主义、神秘主义等具体的思想观念。这些观念和理论即使在当时影响极大，也只是表面的。它们就像时尚一样，多变和易逝，也像水池表面那些极易出现，也极易消失的涟漪波纹一样。

真正伟大而且被普遍认同的信仰数量很少。不管是哪个文明的民族，他们都会记录自己的兴盛和衰亡。因为兴衰的过程对后世来说太重要了，正是因为有了它们才有了文明的真正基础。

一时的见解可以很容易对民众产生影响，但是想让一种信念一直占据他们的大脑却十分困难。当然，这种信念一旦占据了民众的头脑，也不是那么容易清除掉的。一般来说要经过暴力革命的洗礼才能将它们冲刷干净。更有甚者，如果信念无法对民众的头脑进行控制，那么也要靠革命的力量才能如愿。遇到这种情况，革命就必须得走到前台来去清理那些已经被抛弃的东西的残余。这些旧势力仍然强大，阻碍着人们接受新思想。一场革命的爆发很可能就意味着一种旧观念的灭亡。

当一种信念的价值开始被质疑的时侯，说明它已经开始走向衰亡了。不管是什么信念，即使已经得到了普遍承认，但仍摆脱不了虚无的特征。唯一能让它继续存活的办法就是，它不能接受理性的思辨。

根据一种信念建立起来的制度不是那么容易消失的，即使在信念即将崩塌时，这种制度还会保持一定的生命力。只有当信念完全消失，没有一点踪迹时，根据它建立起来的一切包括制度才会开始最终消亡。从古到今，不管哪个民族，只要它还想保留原有的文明，就不会随便更改已有的信仰。信仰的转变过程是逐渐的。当这个民族准备接受一种新的普遍的信念时，它必定会先停下原来的脚步。很显然在停下脚步之后，接受新的信念之前，它所处的环境一定是无政府的状态。普遍信念是构成文明必不可少的基石，决定着各种思想的走向。它能激发信仰的产生，并让人们产生捍卫它的责任感。

不管哪个民族都明白普遍信念的重要性，他们的内心十分清楚，一旦这种信念消失了，这个民族就会走向衰亡。古罗马人之所以能征服世界，就是因为他们具有对罗马狂热崇拜的信念。而当这种信念逐渐衰败的时候，古罗马也就走到了生命的尽头。再来看看那些毁灭罗马文明的野蛮人，他们之所以能打败罗马，是因为他们全部接受了某种可以共同接受的信念，并由此取得了空前的团结，使他们有勇气摆脱无政府状态。

各民族为了捍卫自己的信念，往往会表现得极度野蛮和不宽容，这是很显然的。这种表现在哲学批判史中可以找到。不过，这些表现正是一个民族最可贵的品质的再现。中世纪，很多发明家或创新者都死在火刑柱上，是因为他们要寻求或坚持某种信仰。有的人幸运地没有被处死，但是他们过于坚持自己的信念，最后却因为绝望而死去。世界上演的一幕幕悲剧，常常是由信念引起的。为了自己的信念，成千上万的人甘愿战死沙场或与信念共存亡。

要建立普遍的信念确实不是那么容易的事情，但一旦它安了营扎了寨，想拔掉它也是困难多多的。因为它已经具备了长期不可战胜的力量。即使这种信念从哲学角度分析是荒诞不经的，但它仍然会占据最理智的头脑。1500年以来，在欧洲各民族的心目中，即使像莫洛克①这样野蛮的宗教神话，都是坚决不容怀疑的。这个神造出来一些动物，但是这些动物不服从他的命令，因而惹恼了他。为了惩罚自己，他贡献出自己的儿子，去接受最残忍的酷刑。然而，十几个世纪过去了，竟然没有人对这个荒诞无稽的神话提出质疑。即使是见识超过常人的智者也没对这类神话提出质疑。这件事足以证明一个事实，那就是普遍信仰具有催眠作

①莫洛克（Moloch），被称为火神，古代腓尼基人供奉的神明。信徒们经常把儿童活活烧死以献祭莫洛克。

用。除了这个事实，我们再也找不到更确切的事例去证明我们理智的局限性。这种局限性让我们自己都感到难为情。

只要新教条扎根于群体的大脑，就会变成巨大力量的源泉，鼓舞着人们向前进。它还会派生出各种制度、艺术形式，主导人们生活的方式。一旦出现这种情况，新教条就绝对控制住了人们。因此，各色各样的人都想利用它达到目的。真正想成就一番事业的人会想尽办法，让这种已经被接受的信仰落到实处。立法者想利用它制定切实可行的法律条文。哲学家、艺术家和文学家用尽心思，希望通过最美的方式把它表现出来。

可以根据普遍信念得出一些暂时的观念，不管这些派生出来的观念是什么、存在的时间多么短暂，它们仍然带有原始信念的印迹。不同的宗教信仰产生不同的人类文明，比如埃及文明、中世纪的欧洲文明等。这些文明都带有深深的宗教痕迹，即使是极微小的事物，在它们身上都能找到那些痕迹。人们一眼就能辨认出来。

总的说来，这些普遍信念是必需的。它们在不同时代产生了那个时代特有的大体一致的传统、观念和习惯。所有人都生活在那个时代的环境之下，都会受到它的浸染和支配。支配人们行为的首要因素是信念，然后才是习惯。这些习惯是由信念派生的。这些信念能影响到我们生活中最微不足道的事情，能支配最不起眼的行动，即使连最具独立性的精神也要受它的主宰。这些信念一旦在人的大脑中形成专制性质的力量，那么就会成为真正的暴政，因为普通人是无法与它抵抗的。我们不得不承认，提比略^①、成吉思汗和拿破仑都是暴君的化身。但是那些埋藏在坟墓中的宗教创始人，却一直在统治人们，程度之深无人可以撼动。推翻一个暴君的统治，人们可以采用密谋的方式，然而推翻一种根深蒂固的信念又该采用什么方式呢？罗马天主教的统治显然是一种暴政，遭到多方的反抗，包括法国大革命，然而最终还是以失败而告终。当时，群体是倾向于反对者的，而反对者本身也采用了宗教法庭所用的最残酷手段，对暴政进行无情的摧毁和破坏。最后的结果又是什么样呢，在人类的历史进程中，真正的暴君是谁？人们给出的答案是：已经死去的人，或自己编织出来的一种想象中的人物。

从哲学角度出发，不管是什么信念都是极为荒诞的，但这种说辞最终不能阻碍它们获胜。反过来说，正是因为这些信念具备了某种神奇的荒谬特征，它们才得以大获全胜。

2. 群体主张的多变性

我们在前文中阐述了坚定信念的力量。但它的表面上还会生长出一些意见、观念和思想。它们总是此消彼长，其中一些存在

---

①提比略（Tiberius，前42~前37），即罗马皇帝提比略·克劳狄乌斯·尼禄，罗马帝国的第二位皇帝。

的时间或许只能以日计数，另外一些相对重要的也不比一代人的寿命长。我们已经表明，这一变化常常不过是表面的现象，某些种族意识在深刻地影响着它们。例如通过探究法国的政治制度，我们可知各个政党（有保皇派、激进派、帝国主义者、社会主义者等）在表面上看起来差异极大，但它们都有一个共同的理想。正是法兰西的民族精神结构决定了这样的一个理想，因为在别的一些民族中，相同的名称之下完全是相反的一些理想。不论是为思想主张安上一个名称，还是只是一个骗人的伎俩，这些都改变不了事物的本质。大革命时代的人们深受拉丁文学的影响，他们只关注罗马共和国并袭用它的律法、权杖、法袍，但并没有因此而变成罗马人。因为罗马人受统治的帝国有深重的历史意义。古代信念有表面上的变化，但背后肯定有什么支配性的因素。哲学家的任务就是在不断变化的思想主张中，探究一般信念和种族特性所能决定的那些因素。

如果没有这一哲学层面的反省思考，好像群体一直在随意转换他们的政治信念或宗教信仰。包括政治、宗教、艺术或文学在内的所有历史，似乎都在证明事情本来就是如此。下面作为案例的是法国历史上很短暂的一个时期——1790~1820年，让我们看看这30年的时间，也正好是一代人的时间究竟发生了什么。我们可以看到，保皇派的群体在刚开始时显得革命精神十足，接下来转变为极端的帝国主义者，最后变成了君主制的拥护者。他们在宗教问题上从天主教转向无神论，然后又投入到自然神论的羽翼之下，最后重新回到最坚定的天主教立场。这些变化出现在民众中间，同样也出现他们的领导者那里。让我们惊讶的是，国民公会中的头头脑脑，这些国王的死敌，既不信上帝也不信君主的人们后来竟成为了拿破仑恭顺的奴仆，而在路易十八统治的时候，他们手持蜡烛无比虔诚地走在宗教队伍中间。

群体的思想观念在此后的数年间又发生了无数次的变化。就在本世纪初还被认为是不讲信义的英国佬，在拿破仑的继承者统治之时竟成了法国的盟友。俄国两次遭到法国的入侵，它心满意足地观看着法国的衰败，后来也变成了法国的朋友。

在文学、艺术和哲学的领域中，思想主张的变化更加迅速。浪漫主义、自然主义和神秘主义，等等，真是你方唱罢我登场，瞬间就可能风骚不再。有些艺术家和作家昨天还在受享世人的吹捧尊奉，明天就有可能遭到痛斥漫骂。

然而，细致地探究这些表面上的变化之后，我们就会发现：所有那些与民族的基本信念和情感不能协调一致的，都不会长久地存在下去；逆流总是短暂的，不久还会融合到主流当中。如果与种族最基本的信念或情感都毫无干系，那么这些思想主张是不可能具备稳定性的，只能任由境遇去支配。或者，如果这些见解主张还有值得存在下去的价值，也会随着环境的不同而发生相应的变化。它们只是一个暂时存在的现象，在暗示传染的作用下生成，迅速长大，在成熟之后又匆匆消亡。这就像海滩上的沙丘，它们是由风偶然间吹成，暂时是那个模样罢了。

目前，群体多变的见解主张比以往任何时候都多。原因有以下三个。

第一，过去的信仰——彼时能促成一个阶段性的思想见解，如今正在一天天地失去它的影响力，再不能像往昔一样有所作为。普遍信仰的衰落提供了一个空间，很多没有历史传统，谈不上未来前景的见解主张在偶然间填补了上去。

第二，群体的力量不断增加，以至于愈发没有一个可以对它形成制衡的力量。由此，群体多变的思想见解——我们有所了解的群体特征，可以畅快淋漓地表现出来。

第三，在近来不断得到发展的报业，把完全对立的思想见解不断地呈现在群体眼前。每一个特定的主张和见解都会产生一定的暗示作用，但它很快就会受到挑战和破坏——主要来自对立的主张见解所产生的暗示。最后的结果是任何一种思想主张都难以普及，它们很快会从人们的视野中消失。现在，一种思想主张因为来不及让足够多的人去接受，也就不可能成为一种普遍的思想观念，就会很快地死去，不留下任何遗迹。

由此，世界历史上出现了一种前所未有的新现象，这也是我们这个时代最显著的特点。这个特点就是，政府在引导舆论上显得无能为力。

就在不久之前，政府的举措、为数不多的作家、可以数得过来的几家报纸，它们即能真正反映公众的舆论。然而，今天的作家已经没有任何影响力，报纸反映的只是各种不同的思想见解。对政治家而言，他们远谈不上去引导各种主张见解，因为一直落在其后追赶都来不及。他们对各种主张见解有所忌惮，甚至有时心生恐惧。由此，他们采取的政治举措也显得很不稳定。

于是，来自群体的思想主张见解大有成为政治的最高指导原则的倾向。这一倾向已经发展到可以逼迫国家结盟，例如最近的法俄同盟几乎就是一场大众运动的产物。目前可谓病相丛生，教皇、君主和皇帝都有接受采访的意愿，我们可以看到他们似乎愿意把自己对某一问题的看法交给民众去评判。政事不可感情用事，这句话放在过去或许是正确的。但当政治越来越受到群体的支配，而他们的冲动又是多变的，不受理性的主宰而只任由情绪摆布，我们还能再说政事不可感情用事？

报业在过去像政府一样，发挥着引导舆论的功用。如今在面对群体力量时，它也变得低眉顺眼有所迁就了。当然，报业还拥有相当大的影响力，然而这也只不过是它能够如实地反映群体的看法和见解，展现其不断变化的过程。报业已蜕变为仅仅提供信息的一个部门，顺其自然地也就不再引导人们去接受某种思想或学说。由于担心失去广大读者，报业在大众思想的变化大潮中只是放任自流。这样做是因为有竞争存在，别无他法只能如此。过去那些有主见、有影响力的报纸如《宪法报》、《论坛报》和《世纪报》，上一代人把它们视为智慧的传播者。而如今，它们不是已经不见踪迹，就是转型为典型的现代报纸——最有价值的新闻夹杂在各种各样的轻浮话题、社会传闻和金融谎言中间。今天，任何一家报纸都没有财大气粗到放任自己的撰稿人去发表见解主张——这些见解主张的价值几乎可以忽略不计。因为绝大多数的读者只想获得消息，他们对深入思考后得出的一切结论都表示怀疑。甚而言之，评论家同样不可以再斩钉截铁地说一本书或一部戏剧取得了成功。他们可以肆意发表漫无边际的评价，却不能为读者奉献有价值的服务。报社颇通人情世故，一切有用的东西是可以放弃的，甚至可以压制有深度的批评，所有的文章只可提一下书名，再添上几句"吹捧奉承的话"。在接下来的数年里，戏剧评论或许将会遭遇到同样的命运。

今天，报社和政府的第一要务就是时时留意人们的思想状况。它们迫切地想知道一个事件、一项法案或一次演说产生的实际效果，最好是不通过没有任何中间环节。这并不容易做到，因为群体的想法和念头是天底下最变化多端的。群体今天可能在咒骂他们昨天还在唱赞歌的事情，类似的这些做法是极为常见的。

由于主导性的力量并不存在，还有基本信仰的毁灭，最终的结局就是人们所有的观念无不存在深刻的分歧。这使得群体只对那些明确无误地触及他们的直接利益的事情牵肠挂肚。

　　如今，讨论和分析使得所有的思想主张都丧失了权威的名分，它们的个性特征在迅速衰退，因为持续的时间太短以至于很难唤起我们的激情。现代人正在变得越来越迟钝。

　　面对理想精神的衰退，大可不必过分悲伤。这毫无疑问是一个民族生命衰败的预兆。当然，整体来看那些真诚且有坚定信念的人，例如伟人、站得高看得远之人、圣徒和大众领袖等，他们与专门从事否定性批判的人或呆板迟钝之人相比，影响力可以更大。然而，不要忘了这样一个事实——目前群体拥有无比巨大的力量，因此若有一种思想主张赢得了足够的声誉，并且让自己能得到普遍的认可，那么，这一思想主张就会迅速拥有巨大的强制性质的力量。它会让所有的事情都屈从于它，自由探讨的时代会因此而万劫不复。群体作为主导者，只会在偶然间迈出闲适的步伐，就像赫利奥盖巴勒斯①和提比略一样，然而他们同时又是暴躁的、喜怒无常不可捉摸的。一个由群体占据主导地位的文明，几乎没有再延续下去的可能性。还有什么能延迟文明自身的消亡呢，也许只有毫无定性可言的群体的思想主张，还有就是他们对所有的一般信仰都不会触动的定力。

---

①赫利奥盖巴勒斯（Heliogabalus），罗马皇帝，性情古怪无常，淫逸堕落，强行把自己的宗教加在臣民头上，在政治暴动中被杀。

乌合之众

THE CROWD

第 三 章

不同群体类型的分类及特点

第一节 群体的划分

—— 本节提要 ——

（1）异质性群体

它们的不同类型·种族的影响·群体精神敌不过种族精神·种族精神代表文明状态，群体精神代表野蛮状态

（2）同质性群体

它们的不同类型·宗派、身份团体和阶级

我们已经在本书中勾勒出了心理学意义上的群体所共有的一般性特征。仍然有待说明的是，不同类型的人群在一定的刺激因素的影响下变成群体时各自具有的特征。首先，我们先用几句话来谈谈群体的分类。

我们的起点是简单的人群。当人群是由许多分属于不同种族

的个体组成的时候，我们就看到了它最初级的形态。在这种情况下，它唯一能够形成团结的共同纽带，是头领或多或少受到尊敬的意志。在几个世纪里不断进犯罗马帝国的野蛮人[1]，来源千差万别，可以被看成是这种类型人群的典型。

处于比这些由不同种族的个体组成的人群更高一个层面的，是那些在某些影响下获得了共同特征，并最终形成一个单一种族的人群。它们在很多时候会表现出某些群体所特有的特征，但是这些特征在某种程度上敌不过种族的因素。

在本书探讨过的某些影响的作用下，这两种类型的人群可以转变成有组织的或心理学意义上的群体。我们把这些有组织的群体分为以下两种。

（1）异质性群体。

① 匿名的群体（比如街头群体）；

② 非匿名的群体（如陪审团、议会等）。

（2）同质性群体。

① 派别（政治派别、宗教派别等）；

② 身份团体（军人、僧侣、劳工等）；

③ 阶级（中产阶级、农民阶级等）。

我们将简单地指出这些不同类型群体的区别特征。

---

① 野蛮人（Barbarians），是古希腊人和古罗马人对欧洲邻邦以及亚洲一些民族的称呼。

1. 异质性群体

本书中一直研究的就是这种群体的特征。这种群体由任何类型、任何职业，以及任何智力水平的个体组成。

仅凭个体成为群体的一部分这个事实，我们现在就能认识到，他们的集体心理与他们的个人心理有着本质的区别，而且他们的智力也会受到这种区别的影响。我们已经看到智力在集体中不起作用，它完全处在无意识情绪的支配之下。

一个基本因素，即种族的因素，就会使各种异质性的群体之间具有彻底的差异。

我们经常涉及种族所起的作用，而且已经证明了它是能够决定人们行动的因素中最强大的一个。它的作用在群体的特性中也有迹可寻。由偶然聚集在一起的个体组成的群体，比如这些人全是英国人或中国人，与有着不同特征但同属于一个种族，比如俄国人、法国人或西班牙人的个体所组成的群体之间会有广泛的差异。

当环境使一个群体形成，并且其中不同民族的个体所占比例大体相同的时候——当然这种情况相当罕见——他们所继承的心理结构在人们的感情和思想方式上造成的巨大差异，立刻就会显现出来，而且，无论表面上促使他们聚集在一起的是多么一致的利益，这种情况都会发生。拉丁民族的群体，不管它被认为多么革命或多么保守，无一例外地求助于国家的干预来实现自己的要求。它总是以倾向于集权，以或多或少地支持独裁作为自己的特征。相反，英国人或美国人的群体就不拿国家当回事，他们只求助于个人的主动精神。法国的群体特别看重平等，英国的群体则特别看重自由。

由此可见，种族的禀赋对群体性格有着重大影响。它是一种强大的潜在力量，限制着群体性格的变化。应该可以得出这样一条基本定律：由于种族精神的强大，群体的次要属性相比而言并不突出。群体状态或支配群体的力量类似于野蛮状态，或者说是相当于向这种状态的回归。种族正是通过获得结构稳固的集体精神，才使自己在越来越大的程度上摆脱了缺乏思考的群体力量，走出了野蛮状态。除了种族因素之外，对异质性群体最重要的区分，就是把它们分为匿名群体，比如街头群体和非匿名的群体，比如精心组织起来的议会和陪审团。在前一种群体中缺乏的责任感，在后一种群体则得以发展，常常使它们各自的行动出现非常不同的倾向。

2. 同质性群体

同质性群体包括：派别、身份团体、阶级。

派别是同质性群体组织过程的第一步。一个派别包括在教育、职业和社会阶级的归属方面大不相同的个体，把他们联系在一起的是共同的信仰。最好的例子是宗教和政治派别。

身份团体是最容易组织群体的一个类型。派别包含着职业、教育程度和社会环境大不相同的个体，他们仅仅是被共同的信仰联系在一起，而身份团体由职业相同的个体组成，他们相应地也有类似的教养和几乎完全一样的社会地位。这方面最好的例子是军人和僧侣团体。

阶级是由来源不同的个体形成的，把他们联系在一起的，和派别有所不同，不是共同的信仰，也不像社会阶层那样有着相同的职业，而是某种利益以及几乎完全一致的生活习惯和教育。这方面最好的例子是中产阶级和农民阶级。

因为本书只讨论异质性群体，而把同质性群体（派别、身份团体和阶级）放在另一书本里研究，因此我不会在这里纠缠于后一种类型的群体特征。我会通过对几种典型的群体的考察来结束对异质性群体的研究。

第二节　被称为犯罪群体的群体

── 本节提要 ──

被称为犯罪群体的群体·群体犯法时在心理上也许不能称之为犯罪·群体行为绝对是无意识的·"九月惨案"参与者的心理·他们的逻辑、残忍和道德观念

在兴奋期过后，群体就会进入一种纯粹自动的无意识状态，在这种状态下，它受着各种暗示的支配，因此似乎很难把它说成是一个犯罪群体。我保留这一错误的定性，是因为最近一些心理学研究使它变得十分流行。不错，群体的一些行为，如果仅就其本身而论，的确是犯罪行为，但是在某些情况下，这种犯罪行为同一只老虎为了消遣而让其幼虎把一个印度人撕得血肉模糊，然

后再把他吃掉的行为是一样的。

通常，群体犯罪的动机是一种强烈的暗示，参与这种犯罪的个人事后会坚信他们的行为是在履行责任，这与平常的犯罪大不相同。

群体犯罪的历史说明了实情。

巴士底狱①监狱长的遇害可以作为一个典型的事例。在这位监狱长的堡垒被攻破后，一群极度兴奋的人把他团团围住，从四面八方对他拳脚相加。有人建议吊死他，砍下他的头，把他拴在马尾巴上。在反抗过程中，他踢到了一个在场的人，于是有人建议，让那个挨踢的人割断监狱长的喉咙，他的建议立刻博得了群众的赞同。

这个人，一个干完活的厨子，来巴士底狱的主要原因是无所事事的好奇心，他只是想来看看发生了什么。然而由于普遍的意见就是如此，于是他也相信这是一种爱国行为，甚至自以为应为杀死一个恶棍而得到一枚勋章。他用一把借来的刀切割那裸露出来的脖子，因为武器有些钝了，他没能切动。于是他从自己兜里掏出一把黑柄小刀（既然有厨子的手艺，他对切肉应当很有经

---

①巴士底狱（Bastille），巴士底的原意是城堡。巴黎的巴士底狱创建于14世纪，最初用于防御外敌的入侵，16世纪不再发挥军事要塞的功用，主要用来囚禁政治犯。巴士底狱成为法国封建专制制度的象征。

验），成功地执行了命令。

以上指出的过程的作用，清楚地反映在这个例子中。我们服从别人的怂恿，它会因为来自集体而更为强大。杀人者认为自己是做了一件很有功德的事情，既然他得到了无数同胞的赞同，他这样想是很自然的。这种事从法律上可以视为犯罪，从心理上却不是犯罪。

犯罪群体的一般特征与我们在所有群体中看到的特征并无不同：易受怂恿、轻信、易变，把良好或恶劣的感情加以夸大，表现出某种道德，等等。我们会发现，在法国历史上留下最凶残记录的群体，即参与"九月惨案"的群体中间，这些特征一应俱全。事实上，它与制造圣巴多罗买惨案的群体十分相似。这里我引用了泰纳根据当时的文献所做的详细描述。

没有人确切地知道是谁下了杀掉犯人、空出监狱的命令。也许是丹东或别的什么人，这并不重要。我们关心的是这样一个事实，即参与屠杀的群体受到了强烈的怂恿。

这个杀人群体杀了大约300人，而且它完全是个典型的异质性群体。除了少数职业无赖，主要是一些小店主和各行各业的手艺人：靴匠、锁匠、理发师、泥瓦匠、店员、邮差，等等。在别人的怂恿下，他们就像前面提到的那个厨子一样，完全相信自己是在完成一项爱国主义任务。他们挤进一间双开门的办公室，既当法官又当执行人，但是他们丝毫不认为自己是在犯罪。

他们深信自己肩负着重要使命，着手搭起一座审判台，与这种行动联系在一起的是，他们立刻表现出群体的率直和幼稚的正义感。考虑到受指控的人数众多，他们决定把贵族、僧侣、官员和王室仆役一律处死，没有必要对他们的案件一一进行审判——这就是说，在一个杰出的爱国者眼里，对于所有的个人，只凭职业就可证明他是罪犯。其他人将根据他们的个人表现和声誉做出判决。群体幼稚的良知以这种方式得到了满足。现在可以合法地进行屠杀了，残忍的本能也可以尽情地释放了。我在别处讨论过这种本能的来源，集体总是会将它发挥得淋漓尽致。不过正像群体通常的表现那样，这种本能并不妨碍他们表现出一些相反的感情，他们的善心常常和他们的残忍一样极端。

"他们对巴黎的工人有着极大的同情和深刻的理解。在阿巴耶，那帮人中的一员在得知囚犯24小时没喝上水后，简直想把狱卒打死。如果不是犯人们为其求情，他是一定会这样做的。当一名囚犯被（临时法庭）宣告无罪后，包括卫兵和刽子手在内的所有人都高兴地与他拥抱，疯狂地鼓掌。"然后开始了大屠杀。在这个过程中，欢快的情绪从未间断。他们围在尸体旁跳舞唱歌，"为女士"安排了长凳，以享观看处死贵族之乐。而且这种表演一直充满着特殊的正义气氛。

阿巴耶的一名刽子手当时抱怨说，为了让女士们看得真切，把她们安排得太近了，使在场的人中只有很少的人享受了痛打贵族的乐趣。于是决定让受害者在两排刽子手中间慢慢走过，让他们用刀背砍他以延长其受苦的时间。在福斯监狱，受害人被剥得精光，在半小时里施以"凌迟"，直到每个人都看够了以后，再来上一刀切开他们的五脏六腑。

刽子手并非全无顾忌，我们指出过的存在于群体中的道德意识也表现在他们身上。他们拒绝占有受害人的钱财和首饰，把这些东西全都放在会议桌上。在他们的所有行为中，都可以看到群体头脑特有的那种幼稚的推理方式。因此，在屠杀了1200~1500个民族的敌人之后，有人提议说，那些关着老年人、乞丐和流浪汉的监狱其实是在养着一些没用的人，因此不如把他们全都杀掉，他的建议立刻就被采纳。他们中间当然也有人民的敌人，如一位名叫德拉卢的妇女，一个下毒者的寡妇："她肯定对坐牢非常愤怒，如果她能办到的话，她会一把火烧掉巴黎。她肯定这样说过，她已经这样说过了。除掉她算了。"这种说法好像很令人信服，囚犯被无一例外地处死了，其中包括50名12~17岁的儿童。他们当然也变成了人民公敌，于是全都被解决掉了。

当一周的工作结束时，所有这些处决也终于停止，刽子手们想来可以休息一下了。但他们深信自己为祖国立了大功，于是前往政府请赏。最热情的人甚至要求被授予勋章。

1871年巴黎公社的历史也提供了一些类似的事实。既然群体的势力不断增长，政府的权力在它面前节节败退，因此我们一定还会看到许多性质相同的事情。

第三节 刑事案件的陪审团

── 本节提要 ────────────

陪审团的一般特点·统计数据显示，它们的判决独立于它们的
人员成分·影响陪审团的方法·辩护的形式与作用·说服关键人物
的技巧·令陪审团迟疑或严厉的不同罪行·陪审团制度的好处

　　由于不可能在这里对所有类型的陪审团一一进行研究，因此
我只想评价一下最重要的，即法国刑事法庭的陪审团。这些陪审
团为有名称的异质性群体提供了一个极好的例子。

　　我们会看到，它也表现出易受暗示和缺乏推理能力的特点。
当它处在群众领袖的影响之下时，也主要受无意识情绪的支
配。在这一研究的过程中，我们不时还会看到一些不懂群众心
理的人犯下错误的有趣事例。

首先，组成群体的不同成员在做出判决时，其智力水平无关紧要，陪审团为此提供了一个很好的例子。我们已经知道，当一个善于思考的团体要求就某个并非完全技术性的问题发表意见时，智力起不了多少作用。例如，一群科学家或艺术家，仅仅因为他们组成一个团体这个事实，并不能就一般性问题做出与一群泥瓦匠或杂货商十分不同的判断。在不同的时期，尤其是在1848年以前，法国政府规定对召集起来组成陪审团的人要慎加选择，要从有教养的阶层选出陪审员，即选择教授、官员、文人等。如今，大多数陪审员来自小商人、小资本家或雇员。然而令专家大感不解的是，无论组成陪审团的是什么人，他们的判决总是一样。甚至那些敌视陪审制度的地方长官，也不得不承认判决的准确性。贝拉·德·格拉热先生是刑事法庭的前庭长，他在自己的《回忆录》中用下面一席话表达了自己的看法：

今天，选择陪审员的权力实际掌握在市议员手里。他们根据自己环境中的政治和选举要求，把人们列入名单或从名单上画掉。大多数选入陪审团的人都是生意人（但并不是像过去那样重要的人）和属于某个政府部门的雇员。只要法官的开庭时间表一定，他们的意见和专长便不再有多少作用。许多陪审员有着新手的热情，有着最良好的意图的人，被同时放在了恭顺的处境下。陪审团的精神并未改变，它的判决依然如故。

对于这段话，我们必须记住的是它的结论，而不是那些软弱无力的解释。对这样的解释我们不必感到奇怪，因为法官通常和地方长官一样，对群体心理一窍不通，因此他们也不了解陪审团。

我从一个与刚才提到的这位作者有关的事实中，还发现了一个证据。他认为，刑事法庭最著名的出庭律师之一拉肖先生，处心积虑地利用自己的权利，在所有案件中反对让聪明人出现在名单上。但是经验终究会告诉我们，这种反对是毫无用处的，这可由一个事实来证明，即今天的公诉人和出庭律师，以及所有那些关在巴黎监狱里的人，都已完全放弃了他们反对陪审员的权利，因为正如德·格拉热先生所言，陪审团的判决并无变化，"它们既不更好，也不更差"。

就像群体一样，陪审团也受着感情因素极强烈的影响，很少被证据所打动。

一位出庭律师说，"他们见不得有位母亲用乳房喂孩子或者一个孤儿。"德·格拉热则说："一个妇女只要装出一副唯命是从的样子，就足以赢得陪审团的慈悲心肠。"

陪审团对自己有可能成为其受害者的罪行毫不留情，当然，这些罪行对社会也是最危险的，但是对于一些因为感情原因而违法的案件，陪审团却十分优柔寡断。对未婚母亲的杀婴罪，或者用泼硫酸来对付诱奸或抛弃自己的男人的妇女，他们很少表现得十分严厉，因为他们本能地感到，社会在照常运转，这种犯罪对它没有多大威胁①，而且在一个被抛弃的姑娘不受法律保护的国家里，她为自己复仇，非但无害反而有益，因为这可以事先吓阻那些未来的诱奸者。

　　陪审团就像任何群体一样，也深受声望的影响。德？格拉热先生十分明确地指出，陪审团的构成虽然十分民主，他们在好恶态度上却很贵族化："头衔、出身、家财万贯、声望或一位著名律师的帮助，总之，一切不同寻常或能给被告增光的事情，都会使他的处境变得极为有利。"

　　杰出律师的主要用心所在，就是打动陪审团的感情，而且正如对付一切群体一样，不要做很多论证，或只采用十分幼稚的推理方式。一位因为在刑庭上赢了官司而赫赫有名的英国大律师，

---

　　①陪审团这种把犯罪划分为威胁社会和不威胁社会的两类方式，远不能认为有失公正。刑法的目的显然是保护社会不受犯罪的危害，而不是为了进行报复。但是法国的法典，尤其是那些地方官员的头脑，却仍然深受原始法律特点的报复精神的影响，像"Vindicte"（"起诉"，源于拉丁语的"Vindicta"——"报复"）一词，就仍在日常生活中使用着。地方官员中的这种倾向的一个证明是，他们中间的许多人都拒绝采用贝朗热法——该法允许被判刑的人不必服刑，除非他们再次犯罪。但是，由于已经从统计学上得到了证明，因此没有哪个官员会否认，对初犯进行惩罚，极可能导致受罚者进一步犯罪。当法官让一个被判刑的人获得自由时，他们好像总认为没有为社会报仇——似乎司法官们更愿意制造一个肯定犯罪的人。

总结出以下应当遵循的行为准则：

进行辩护时，他要留心观察陪审团。最有利的机会一直就有。律师依靠自己的眼光和经验，从陪审员的面容上领会每句话的效果，从中得出自己的结论。第一步是要确认，哪些陪审员已经赞同他的理由。确定他们的赞同不必费很多工夫，然后他应把注意力转向那些看来还没有拿定主意的人，努力搞清楚他们为何敌视被告。这是他的工作中十分微妙的一部分，因为指控一个人除了正义感之外，还可以有无限多的理由。

这几句话道出了辩护术的全部奥妙。我们可以理解，事先准备好的演说为何效果甚微，这是因为必须随时根据印象改变措辞。

辩护人不必让陪审团的每个人都接受他的观点，他只争取那些左右着普遍观点的灵魂人物即可。就像一个群体一样，在陪审团里也存在着少数对别人有支配作用的人。"我通过经验发现，"前面提到的那位律师说，"一两个有势力的人物就足以让陪审团的人跟着他们走。"需要用巧妙的暗示取得信任的就是那两三个人。首先，最关键的事情就是取悦于他们。群体中已成功博得其欢心的那个人，是处在一个就要被说服的时刻，这时无论向他提出什么证据，他很可能都会认为十分令人信服。我从有关拉肖的报道中摘录一段反映上述观点的趣闻轶事。

　　大家都知道，拉肖在刑庭审判过程的一切演说中，绝对不会让自己眼睛离开两三个他知道或感到既有影响又很固执的陪审员。通常他会把这些不易驯服的陪审员争取过来。不过有一次在外省，他不得不对付一个陪审员，他花了大半个小时，采用最狡猾的论辩，此人依然不为所动。这个人是第七陪审员，第二排椅子上的第一人。局面令人沮丧。突然，在激昂的辩论过程中，拉肖停顿了片刻，向法官说："阁下是否可以命令把前面的窗帘放下来？第七陪审员已经被阳光晒晕了。"那个陪审员脸红起来，他微笑着表达了自己的谢意。他被争取到辩方一边来了。

　　许多作家，包括一些最出众的作家，最近开展了一场反对陪审制度的强大运动，而面对一个不受控制的团体犯下的错误，这种制度是保护我们免受其害的唯一办法[①]。有些作者主张只从受

_____

　　①事实上，地方官是行动不受控制的唯一行政官。尽管搞了不少革命，民主的法兰西并不拥有一部英国人为之自豪的《人身保护法》。我们消灭了所有专制者，却在每个城市认命了一个可以随意处置公民的荣誉和自由的地方长官。毫无意义的督查官，是些刚从大学出来的新手，却拥有令人厌恶的权力，他仅仅根据自己的怀疑就能把很有地位的人送进班房，而且无需向任何人说明他这样做的理由。他以进行调查为借口，可以把这些人关押六个月甚至一年，最后释放他们时也不必做任何赔偿或道歉。在法国，司法许可证就像国王特赦令一样，但它们的不同之处在于：后者——对于君主利用它的做法，人们做过十分公正的谴责——只有那些身居高位的人才能申领，司法许可证却是操控在一个公民阶层的每个人手里的工具，而他们却并非一个十分开明或独立的人。

过教育的阶层召募陪审员，然而我们已经证明，甚至在这种情况下，陪审团的判决也同回到目前的制度没什么两样。还有些作者以陪审团犯下的错误为根据，希望废除陪审团用法官取而代之。真是令人难以理解，这些一厢情愿的改革家怎么会忘了，被指责为陪审团所犯下的错误，首先是由法官犯下的错误，而且当被告被带到陪审团面前时，一些地方官员、督查官、公诉人和初审法庭已经认定他有罪了。由此可见，如果对被告做出判决的是地方官而不是陪审团，他将失去找回清白的唯一机会。陪审团的错误历来首先是地方官的错误。因此，当出现了特别严重的司法错误时，首先应当受到谴责的是地方官，比如最近对L医生的指控就是如此。

有个愚蠢透顶的督查官根据一位半痴呆的女孩的揭发，对医生提出起诉。那个女孩指控医生为了30个法郎，非法地为她做手术。若不是因为惹恼了公众，使最高法院院长立刻给了他自由，他是一定会身陷囹圄的。这个被指控的人得到了自己同胞的赞誉，这一错案的野蛮性由此昭然若揭。那些地方官自己也承认这一点，但是出于身份的考虑，他们极力阻挠签署赦免令。在所有类似的事情上，陪审团在遇到自己无法理解的技术细节时，自然会倾听公诉人的意见，因为他们认为，那些在搞清楚最复杂的事态上训练有素的官员，已经对事件进行了调查。那么，谁是错误的真正制造者，是陪审团还是地方官？我们应当大力维护陪审团，因为它是唯一不能由任何个人来取代的群体类型。只有它能够缓解法律的严酷性。这种对任何人一视同仁的法律，从原则上说既不考虑也不承认特殊情况。法官是冷漠无情的，他除了法律条文不理会任何事情，出于这种职业的严肃性，他对黑夜中的杀人越货者和因为贫困、因为受到诱奸者的抛弃而杀婴的可怜姑娘，会施以同样的刑罚。而陪审团会本能地感到，与逃避开法网的诱奸者相比，被诱奸的姑娘罪过要小得多，对她应当宽大为怀。

在了解了身份团体的心理，也了解了其他群体的心理之后，对于一个受到错误指控的案件，我不可能仍然认为，我不应当去和陪审团打交道，而应当去找地方官。从前者那里我还有些找回清白的机会，让后者认错的机会却是微乎其微。群体的权力令人生畏，然而有些身份团体的权力更让人害怕。

第四节 选民群体

—— 本节提要 ——

选民群体的一般特点·说服他们的办法·候选人应当具备的素质：声望的必要性·工人农民为何很少选举自己的同行·词语和套语对选民的影响·竞选演说的一般特点·选民的意见是如何形成的·政治委员会的权力·它们代表着最可怕的专制·大革命时期的委员会·普选权虽有缺陷，但不能废除劫何即使限制选举权也不会改变选举结果

1. 选民群体的特征

有权选出某人担任职务的集体，就叫选民群体。选民群体的成员可以有着各种特点、各种职业、各种智力水平，因此说，它是一个典型的异质性群体。尽管如此，由于他们的行为，仅限

于一件规定得十分明确的事情，那就是在不同的候选人中做出选择，因此，他们只具有前面说到过的少数特征。

在群体所有的特征中，选民群体往往会表现出极少的推理能力。同样地，他们也没有批判精神，容易轻信，容易发怒，而且头脑极度简单。

此外，从选民群体的决定中，我们还可以找到群众领袖的影响，也能看到前面所说的那些因素和手段，比如断言、重复以及传染的作用。毫无疑问的是，在那些群众领袖登上政治舞台的过程中，这些特征都一一地发挥了作用。假如选民团体有着足够的推理能力，就绝不会在1848年选举的时候做出如此愚蠢的行为。

一个名叫路易·拿破仑·波拿巴的人，在这次选举之中得到了总票数700万张中的550万张，超过了其他几位候选人得票的总和。

而令人感到费解的是，在他当选之前，并没有人了解他，他也只不过是一个名不见经传的小政客而已，恰好遇到全国大选，就报名碰碰运气。结果却令他本人惊讶万分，他的得票率之高，仿佛是全体法国民众齐声呼唤着他一样。

说到底，这些所谓的选民们，根本不知道自己到底选出来一个怎样的人。他们只是看到这个名字，联想到波旁王朝的统治者的仁慈，又想到了拿破仑曾带来的荣耀，于是就齐刷刷地做出了这样的决定。

假如选民群体存在着一点批判精神，就绝不会将巴贝夫的公社理论奉若神明，那些将私人财产收归国有、在城市中开荒种地的想法经不起丝毫的推敲，却得到了大多数人的响应。同样地，没有选民团体的轻信，罗伯斯庇尔绝对无法用他所谓的"民主"一呼百应；没有选民团体的易怒，也就不会有圣巴托缪、九月惨案、拉雪兹公墓等地的血腥罪行。

所有的这些，都证明了我们的论断。看起来，这样的情况并不会随着时代的进步而稍稍减少，因为只要选民团体的性质不改变，它就会永远具有异质性群体的一切特征。

2. 如何在选举中取得成功

现在，就让我们来看一下，究竟要如何说服选民群体，在选举之中取得成功。关于这一点，我们有着不少得到验证的套路，从这里面我们也可以很容易地发现他们的动理。

第一点，由于声望对群体有着巨大的支配力，它超越了一切其他的因素。因此，候选人一定要享有声望，或者尽量去博取它。

能够取代个人声望的因素只有财富，除此之外，学识、才干，甚至于天才，都不是非常重要的成功因素。

我们可以看到，在相同的条件下，一位名人在竞选中胜出的概率，要大大高于一个默默无闻的普通人，其原因就在于声望的作用。在选民群体看来，把票投给一个他们熟知的名人，要比随便投给一个陌生人更可靠，哪怕这个名人是个彻头彻尾的恶棍，选民群体也会觉得他们起码对他的缺点有所了解。

第二点，就是享有声望的候选人，必须能够迫使选民不经过讨论就接受自己。

由于大部分选民都是些工人或者农民，因此他们很少选出自己的同行来代表自己，其原因就在于他们蔑视和自己一样的人，这种人在他们中间也没有声望。

也许有人会有疑问：有许多人不正是从社会基层中脱颖而出吗，在前一天他们还在工厂里拧螺丝帽，在田间播散粪肥吗？像这样的人又是如何被选民推举出来的呢？

不错，这样的例子的确存在，不过这并不足以推翻我们的论断。

当选民偶然选出一个和自己相同的人时，一般来说都是由于一些次要原因。比如说，他们为了向某个大人物或有权势的雇主泄愤，而这些人往往是选民依靠的对像，当选民对他们不满时，就会用这样赌气的方式来发泄。或是仅仅想要通过这种方式，满足自己想要做一次主人的幻觉。

第三点，一位候选人如果想要保证自己取得成功，那么他只有声望是不够的。选民同样具备群体爱走极端的特点，因此就要尽量在他们面前表现出这一点来。

候选人必须用最离谱的哄骗手段，才能够征服选民，同时还要毫不犹豫地向他们做出最令人异想天开的承诺。比如说，如果选民是工人，那就要尽量侮辱和中伤他们的雇主，这样的行为再多也不过分。

对于竞选的对手，必须利用断言法、重复法和传染法，竭力让人确信他是个十足的无赖，他恶行不断是人尽皆知的事实，如果把票投给了他，就意味着一场大灾难将要降临。

美国作家马克·吐温在他的作品《竞选州长》中曾经记载过，当他决意想要竞选州长时，只在几个星期之内，他的名声就从一个老实人变成了通奸者、溺婴犯、酒鬼、无赖、骗子和小偷。这样的描写虽然存在着夸大其辞的文学成分，却也能说明一个候选人究竟应该怎样对付他的对手。

第四点，假如你的对手正在诋毁你，那么就必须要记住，为任何表面证据而费心是没有用处的。假如一个人对群众心理缺乏了解，那么他就会用各种论证来为自己辩护，而不是用斩钉截铁的断言来否认那些传闻。这样一来，他也就没有任何获胜的机会了。

第五点，一个候选人千万不可以把写成文字的纲领处理得过于绝对，一定要为自己留下一定的余地，否则你的对手将来就会用它来对付你。当纲领成为白纸黑字之后，就是板上钉钉的证据，容不得否认与抵赖。

不过，如果你只是在口头叙述中阐述你的纲领，那么再夸夸其谈也不算过分。你可以面无惧色地向听众承诺最重要的改革，也可以大言不惭地向听众宣讲美好的未来。

我们要知道，群体欢迎极端夸张的东西，说出这些偏激的话语，能够在群众中产生巨大的效果，但是在实际的政治领域，它们对未来根本不存在约束力。

因为事情总是会变化的，任何改革都需要不断地观察，而选民既没有精力，也没有机会来看到这些事，他们甚至绝对不想为这事操心，他们也并不想知道，自己支持的候选人在实施他的竞选纲领上走了多远，改革究竟进行到了什么程度，尽管选民以为正是这个纲领，才让他的选择有了保证。

3. 用言语控制选民

在以上提到的事例中，能够看到我们前面讨论过的所有说服的因素。这样一来，口号、词语和套话自然也就包含在其中了。

在前面的章节中，我们已经谈到过这些东西神奇的控制力，群体会为它们如痴如狂。在下面的研究中，我们还会看到它们所发挥的作用。

一个明白如何利用这些说服手段的演说家，都会对这些东西大加利用，因为他能够用刀剑和杀戮成就的事情，用这种办法照样可以办得到。

比如说，像不义之财、卑鄙的剥削者、可敬的劳工、财富的社会化之类的说法，永远会产生同样的效果，尽管它们已经被用得有些陈腐。此外，如果候选人满嘴新词，其含义又极其贫乏，因而能够迎合极不相同的各种愿望，他也必能大获全胜。

1873年，在西班牙发生的那场血腥的革命①，就是由这种含义复杂，因而每个人都可以自己做出解释的奇妙说法引起的。在史料中，我们可以找到许多关于这件事的记载。

在最初的时候，暴动者推翻了当时的国王，成立了一个临时政府。然而随着时间流逝，激进派却发现集权制的共和国其实就是乔装打扮的君主国，于是为了迁就他们，议会全体一致宣告建立一个"联邦共和国"。

虽然投票者中谁也解释不清楚自己投票赞成的是什么，然而这个说法却让人皆大欢喜。人们无比高兴并陶醉于其中，好像一个充满美德与幸福的王国就要在地球上揭幕。共和主义者如果被对手拒绝授予联邦主义者名称，就会认为自己受到了致命的侮辱。

人们在大街上奔走相告，以这样的话互相问候："联邦共和国万岁！"然后便响起一片赞美之声。当时的军队已经涣散到了极

①1873年2月，国王阿梅迪奥为应对国内的混乱局势，宣布主动退位。同一天，王宫议会宣布成立共和国。共和国仅存在1年时间，后来保皇派发动政变，波旁王朝得以复辟。

点，没有一点纪律可言。士兵们借着士兵自治的名义，拒不服从军官的指挥，然而人们却对这一点大唱赞歌，仿佛军队成为了一盘散沙，就意味着民主时代的来临。

那么，人们对这个"联邦共和国"是如何理解的呢？有些人认为它是指各省的解放，就和美国的行政分权制相似的制度。有些人认为它是一个伟大的国度，就像国土横跨世界的英联邦一样。还有些人认为它意味着消灭了一切权力，从而需要迅速着手于伟大的社会变革。

4. 选民群体拒绝理性

毫无疑问，在选民群体中不存在任何理性，他们也绝不愿意接受任何理性的影响。

在报纸的宣传中，选民集会常常被描写成一场在公平气氛下举行，充满睿智的辩论会，然而真实的情况却远不是这样。

在这种集会上，演讲者往往言之凿凿，切齿痛骂对手，有时甚至拳脚相加，但绝对听不到论证。

即使有片刻安静的时候，也是因为有个享有"粗汉"名声的人在场，宣称自己要用一些让听众开心的麻烦问题难倒候选人。然而反对派的满足是短命的，因为提问者的声音很快就会被对手的叫喊声压倒。

在一些史料中选出来的有关公众集会的记载，可以作为这方面的典型。

在法国南特地区一次选民的公众集会中，会议的组织者之一请大会选出一名主席，骚乱立刻席卷全场。无政府主义者跳上讲台，粗暴地占领会议桌；社会主义者极力反抗；保皇党大声叫骂。人们相互扭打，每一派都指责对方是拿了政府佣金的奸细，无数人因此而受伤。事后，警察和民兵在会场收集的钱包、胸针、假牙、假发等小零碎，整整装满了两个大筐。

在这一片喧嚣声中，会议只好拖延很长时间，原定中午结束的集会，到了下午还在进行。

我们可以看到，在这样的集会中根本不存在任何的理性，参与者要么用恶毒的语言互相攻讦，要么干脆拳脚相向。在这样的气氛中，辩论和冷静的探讨是绝不可能实现的。

也许有人会说，这种集会的成员囊括了各种政治派别，他们存在着观念上的分歧，有着不同的利益，自然不可能体现出理性的光辉。其实，即使在有着共同利益的集会中，也很难保证冷静与理性。

我们千万不要以为，这些事情只发生在固执的选民群体之中，也不要认为这取决于他们的社会地位。在不管是什么样的无名称的集会中，即使参与者全是受过高等教育的人，会上的争论也没什么两样。

5. 选民是被操纵的群体

在前面的研究中我们已经说过，当人们聚集成一个群体时，一种降低他们智力水平的制约就会发生作用。我们可以在很多的场合里找到这方面的证明，比如说，1895年2月13日的《财报》上，就记载了一次学术集会的场景。

在那个晚上，随着时间的流逝，喧嚣声有增无减，绝没有哪个演讲者能够说上两句话而不被人打断。每时每刻都有人在这个角落或那个角落大叫大嚷，或者是一起叫喊。

当一个演讲者得到掌声的同时，他也一定会得到嘘声。听众中的个别成员也在不断地互相激烈争吵。一些人可怕地挥舞着木棒，另一些人不停地击打地板。那些打断演说的人，总是会引来一片呼喊"把他轰下去"或是"让他说"！

一位名叫C先生的学者，在获得了讲话的权利之后，一张嘴就是白痴、懦夫、恶棍、卑鄙无耻、唯利是图、打击报复之类的用语。他挥舞着双手，信誓旦旦地宣称，要把这些东西统统消灭。

我们可以看到，参加集会的成员不是学者就是教师以及为数不少的高校学生。这些人显然都是受过高等教育的，但在这方面，他们却和街头的流氓一样表现得毫无教养。

也许有人会问，处在这种环境里的选民怎么能够形成一致意见呢？

我们的回答是，选民群体可以说他们持有意见，但是绝对不能夸口说这个意见是自己提出来的，也决不能夸口说这个意见合乎理性。

因为实际的情况是，选民的意见和选票通常是操纵在选举委员会的手里的，而它的领袖人物通常都是些著名的政客。他们向工人许诺好处，因此在这些人中间很有影响，也就可以将他们的意愿夹杂在许诺之间，一股脑地塞给选民群体。

正如今日最勇敢的民主斗士之一的谢乐先生所言："你可知道什么是选举委员会？它不多不少是我们各项制度的基石，是政治机器的一件杰作。今日法国就是受着长期选举委员会的统治。"①

选举委员会的威力之大，以及它对选民群体控制程度之高、

---

①委员会不管有什么名称——俱乐部或是辛迪加——大概都包含着群体权力所造成的最可怕的危险。在现实中，它们代表着最为非人格的、因而也是最具压迫性的专制形式。可以说，委员会的领袖是代表集体说话和行动的，因此他们不负任何责任，他们处在可以根据自己的选择行事的位置上。甚至最残忍的暴君，也不敢梦想革命委员会任命的人所拥有的那些剥夺权。巴拉斯就曾宣布，他们只要在国民公会里大开杀戒，随心所欲地裁撤议员。罗伯斯庇尔只要还能代表他们说话，就握有绝对权力。群体的统治就是委员会的统治，因而也是委员会领袖的统治。难以想象还会有比这更严厉的暴政。

操纵手段之熟练，都是我们绝难想象的事情。曾经有一位选举委员会成员放出狂言，声称只要候选人能够被群体所接受，并拥有一定的财源，解决选民群体的问题并不困难。在他看来，只要300万法郎，就能够让犯有叛国罪的布朗热将军重新当选。

通过上面的研究，我们终于对选民群体的心理有了较为透彻的了解。可以说，它包含了群体的一切特性，和其他那些群体相比，它既不更好也不更差。

6. 不可动摇的普选制度

我们看到了选民群体的弱点，也就知道了法国普选制度的荒唐之处，可以得到的结论是，该项制度和古罗马的元老院毫无区别，甚至更像是雅典城的所谓共和，是由少数人主导，操纵大批民众的制度。

然而话虽这样说，我们却必须要将普选制度保留下来，尽管我们知道它的机制如何，但出于一些实际的原因，我们实在没有办法将它一笔勾销。事实上，我们是通过对群体心理的调查归纳出了这些原因，基于这些考虑，我要对它们做进一步的阐述。

毫无疑问，普选制度的弱点十分突出，因此我们很难对其视而不见。但是我们无法否认一桩事实，那就是社会一定是要由少数人操纵的。

我们的文明，乃是少数智力超常的人的产物，这些人构成了一个金字塔的顶点。随着这个金字塔各个层次的加宽，智力也相应地越来越少，而这个金字塔的底座，就是一个民族中的广大群众。

一种文明的繁荣与进步，如果仅仅依靠以人多势众自夸的低劣成员的选票，是绝对无法让人放心的。一个国家的稳定与发展，必须要由少数社会精英阶层来掌舵。

正因为如此，我们与其任由民众将国家航船开往危险的深渊，反而不如听任几个政客掌控他们，至少在接受正确观念的难易程度方面，影响几个人要比影响群众简单得多。

从另外一个方面来说，普选观念已经深深地植入了法国民众心中。一个多世纪以来，他们一直在为了争取这项权利而血洒大地，想要将这项权利夺走，或是仅仅做一个名称上的改变，都势必会遭到民众的迎头痛击。

我们只要记得，观念变成教条后有着不可征服的力量，我们必须承认这一点。

从纯粹的学术角度看，群体权力至上的教条就像中世纪的宗教教条一样不堪一驳，但是如今它却拥有和昔日宗教教条一样强大的绝对权力，因此，它就像过去我们的宗教观念一样不可战胜。

我们不妨想象一下，假设有个现代自由思想家，因为时空穿梭而被送回到了中世纪。难道你会认为，当他发现盛行于当时的宗教观念有着至高无上的权力后，会对它们进行攻击吗？

假如这个思想家落入了一个能够把他送上火刑柱的法官之手，指控他与魔鬼有约或者参加了女巫的宴会，他还会对存在着魔鬼或女巫提出质疑吗？假如他坚持自己的自由思想，那么他还会有活命的机会吗？

正如这个思想家的命运一样，我们如果要用讨论的方式来试图动摇普选制度，就比群众的信念高明不了多少。而普选制度所受到的迷信，它具有的威力，几乎是和过去的宗教一样的。

在今天，那些演说家和作家在提到普选、民主这一类词语时，所表现出来的恭敬与媚态，甚至就连煊赫一时的路易十四①也无缘享受。因此，我们并不需要急于动摇这项制度，也暂时无法动摇其一分，对于它，我们必须采取和对待宗教教条一样的立场。除了时间之外，谁也没有办法对它发生影响。

除了以上我们说到的方面，还有一个因素，使得破坏普选制度教条的努力，变得更加苍白无力，因为它具备一种对自己有利的外表。

在我们今天这个号召人人平等的时代，人们其实并不相信他们彼此之间全都一样的说法。

在民众的心目中，总是认为自己的身边生活着一群傻瓜，这就使得他倾向于在更广泛的范围内寻找志同道合者，寻找支撑自己观点的意见。于是，每个人都开始毫无节制地信赖公众的判断

---

①路易十四（Louis XIV，1638~1715），法国国王路易十三的长子，史称路易大帝，法国波旁王朝最著名的国王。

力，似乎人数越多，里面就会囊括更多的聪明人，似乎真理总是
与人数上的优势携手同行。

正因为如此，当我们尝试着要废除掉普选制度时，一定会遭
到最猛烈的反击，每个人都会认为，这种做法破坏了产生真理的
道路，仿佛将智慧之泉的泉眼堵死一样可恶。

有人认为，只要对普选制度加以改革，对民众的选举权加以
限制，如果必要的话，可以直接把这种权利限制在聪明人中间，
这样就可以解决掉一切问题。

这样做真的会改进群众投票的结果吗？

我们必须要说，这种情况永远也不会出现。无论那些聪明人
的睿智程度如何，也无论他们的人数少到什么程度，局面都无法
得到改观。

我们知道，只要人凑在一起，形成了一个群体，那么不论它
成员多寡，不论其成员素质如何，就统统患上了智力低下症。只
要身处一个群体之中，人们总是倾向于变得智力平平。

在一个一般性的问题上，40名科学院院士的投票，绝不会
比40个卖水人所投的票更高明，因为对所有的群体来说，它们
的智力水平总是一样的低。如果按照那种流行的说法，只让有
教养的和受过教育的人成为选民，那么最终的投票结果可能只会
变得更糟。

人的智力来源是个神奇的东西，对社会问题的清醒认识也不

可能人人具备，一个人绝对不会因为通晓希腊语或数学，是个建筑师、兽医、医生或大律师，就掌握了特殊的智力或社会问题。比如说，我们的政治学家、经济学家，几乎全都是受过高等教育的，他们也大都是教授或学者，然而，这些人何曾就哪个普遍性问题取得过一致意见呢？贸易保护的问题讨论了几百年，完全看不出有得出结论的迹像。金本位制还是银本位制孰优孰劣的话题一被抛出，学者们就已经吵得不可开交，最后竟然用金银双本位制的办法相互妥协。

之所以会有这样的局面，原因就在于这些学者和专家对社会问题一无所知，他们所谓的学问，只不过是在我们普遍无知的基础上，加上了那么两三本专业著作。在社会问题上，由于未知的因素数量实在太多，很难覆盖到他们的专业领域，因此从本质上说，他们的学问和民众的无知也没有什么两样。

正因为如此，完全由掌握各种学问的人组成的选民，他们的投票结果不会比现在的情况好多少。

时间一长，这些学者将仍然主要受自己的感情和党派精神的支配。对于那些我们现在必须对付的困难，他们还是一个也解决不了，甚至还会因为自己的身份而产生优越感，集合起来形成身份团体，在民众的头上加上一层新的暴政。

7. 民族精神的深层作用

说到底，废除还是保留普选制度，对于一个民族来说，并没有什么要紧。不论是限制群众的选举权，还是放宽这种权利，不管国家制度是共和制还是君主制，更不论是在法国，还是在德国，或者是在葡萄牙、西班牙、比利时，其结果都不会有什么改变。总的来说，民众的选举结果，所要表达的只不过是一个民族潜意识的向往与需要。

假如民众未曾呼唤一个统一而强大的法国，拿破仑即使具备再大的威力，也不可能在短短的时间内就成为法兰西民族的领袖。

假如民众未曾向往着从宗教和贵族的羽翼下面解脱出来，被记入1789年史册的就将是几个匪徒的阴谋暴乱，而非一场旷日持久的大革命浪潮。由于法兰西民族的性格特征，使得它的民众绝不可能忍受任何刺激，只要对他们稍加拨弄，他们就会因此而陷入极端。罗伯斯庇尔也好，拿破仑也罢，甚至远到德国的俾斯麦、意大利的加富尔，他们所做的事情，也都是民众急切渴望的事情。

所以说，在任何一个国家中，任何一个当选领袖的意见，都会反映着这个民族的禀性，而我们看到，这种禀性从一代人到下一代人，世世代代地流传下去，从来都不会出现显著的变化。

在这里，我们再一次地遇到了民族这个基本概念。在前面的研究中，我们也曾多次遇到它，现在我们一定会得到最新的认识。那就是各种制度和政府对一个民族的生活来说，只能产生很小的影响，它主要受种族的禀性支配。换句话说，我们世世代代都要受着某些遗传品质的支配，而所谓的禀性正是这些品质的总和。

因此，无论情况多么错综复杂，种族和我们日常所需这两架枷锁，乃是决定着我们命运的神秘主因。

第五节 议会中的群体

—— 本节提要 ————————————

议会中的群体表现出异质性群体的大部分特征·他们的意见
的简单化/易受暗示，但有局限性·他们难以改变的意见和易变的意
见·议而不决的原因/领袖的作用·他们是议会的真正主人·演讲术
的要点·没有声望者的演说劳而无功·议会成员的感情夸张·国民
公会的实例·议会失去群体特征的情况·专家在技术性问题上的作
用·议会制度的优点和危险·适应现代要求，但会造成财政浪费和
对自由的限制·结论

我们在议会中找到了一个有名称的异质性群体的范例。虽然
议会成员的选举方式因时而异，各国之间也有所不同，不过它们
都有着十分相似的特征。在这种场合，人们会感到种族的影响或

者削弱，或者强化了群体的共同特征，但不会妨碍他们的表现。大不相同的国家，如希腊、意大利、葡萄牙、西班牙、法国和美国，它们的议会在辩论和投票上表现出很大的相似性，使各自的政府面对着同样的困难。

然而，议会制度却是一切现代文明民族的理想。这种制度是一种观念的反映，即在某个问题上，一大群人要比一小撮人更有可能作出明智而独立的决定。这种观念虽然从心理学上说是错误的，却得到普遍的赞同。

在议会中也可以看到群体的一般特征：头脑简单、多变、易受暗示、夸大感情以及少数领袖人物的主导作用。然而，由于其特殊的构成，他们也有一些独特的表现，我们现在就来做一简单的说明。

意见的简单化是他们最重要的特征之一。在所有党派中，尤其是在拉丁民族的党派中，无一例外地存在着一种倾向，即根据适用于一切情况的最简单的抽象原则和普遍规律来解决最复杂的社会问题。当然，原则因党派不同而各有不同，但是，仅仅由于个人是群体的一部分这个事实，他们便总是倾向于夸大自己原则的价值，非要把它贯彻到底不可。由此产生的结果是，议会更严重地代表着各种极端意见。

议会有着特别质朴的简单意见，法国大革命时期的雅各宾党人为此提供了一个最完美的典型。他们用教条和逻辑对待人，头脑里充满各种含糊不清的普遍观念。他们忙不迭地贯彻死板的原则，不关心事实如何。在谈到他们时，人们不无理由地认为，他们经历了一场革命，但并没有看到这场革命。在一些引导着他们的十分简单的教条的帮助下，他们以为自己能够把这个社会从上到下重新改造一遍，结果使一个高度精致的文明倒退到了社会进化更早期的阶段。

他们为实现自己的梦想而采用的办法，与极端质朴的人有着同样的特点。实际上，他们不过是把拦在他们道路上的一切统统毁掉。他们不管是吉伦特派、山岳派，还是热月派，全都受着同样精神的激励。

议会中的群体很容易受暗示的影响，而且就像所有群体一样，暗示都是来自享有声望的领袖。不过议会群体这种易受暗示的特点，又有着很明确的界限，指出这一点十分重要。

在有关地方或地区的一切问题上，议会中的每个成员都持有牢固而无法改变的意见，任何论证都无法使其动摇。例如在贸易保护或酿酒业特权这类与有势力的选民的利益有关的问题上，即使有狄摩西尼①的天赋，也难以改变一位众议员的投票。这些选民在投票期到来之前就发出的暗示，足以压倒来自其他方面的一切

①狄摩西尼（Demosthenes），古希腊伟大的政治家、演说家和雄辩家，希腊联军统帅。

取消的建议，使意见的绝对稳定得到了维护。①

一涉及一般性问题——推翻一届内阁、开征一种新税等——就不再有任何固定的意见了，领袖的建议能够发挥影响，虽然与普通群体中的方式有所不同。每个政党都有自己的领袖，他们的势力有时旗鼓相当。结果是，一个众议员有时发现自己被夹在两种对立的建议之间，因此难免迟疑不决。这解释了为什么经常会看到他在一刻钟之内就会作出相反的表决，或为一项法案增加一条使其失效的条款，例如剥夺雇主选择和解雇工人的权利，然后又来上一条几乎废除这一措施的修正案。

出于同样的理由，每届议会也有一些非常稳定的意见和一些十分易变的意见。大体上说，一般性问题数量更多，因此在议会中议而不决的现象司空见惯——之所以议而不决，是因为永远存在着对选民的担心，从他们那里收到的建议总是姗姗来迟，这有可能制约领袖的影响力。不过，在无数的辩论中，当涉及的问题议员们没有强烈的先入之见时，处在主导地位的人依然是那些领袖。

这些领袖的必要性是显而易见的，因为在每个国家的议会

---

① 一位经验丰富的英国议员如下的思考，毫无疑问也适用于这种事先确定的、不会因争取选票的考虑而改变的意见："我坐在威斯特敏特的50年间，听过上千次演说，但是它们很少能使我改变看法，它们没有一次改变了我的投票。"

中，都可以看到他们以团体首领的名义存在着。他们是议会的真正统治者。组成群体的人没了头头便一事无成，所以也可以说，议会中的表决通常只代表极少数人的意见。

领袖的影响力只在很小的程度上是出于他们提出的论据，而在很大程度上来自于他们的声望。这一点最好的证明是，一旦他们不知因为什么情况威信扫地，他们的影响力也随之消失。

这些政治领袖的声望只属于他们个人，与头衔或名声无关。关于这个事实，西蒙①先生在评论1848年国民议会——他也是其成员之一——的大人物时，为我们提供了一些非常具体的例子。

路易·拿破仑两个月以前还无所不能，如今却完全无足轻重了。维克多·雨果登上了讲台。他无功而返。人们听他说话，就像听皮阿说话一样，但是他并没有博得多少掌声。"我不喜欢他那些想法，"谈到皮阿，沃拉贝勒对我说，"不过他是法国最了不起的作家之一，也是最伟大的演说家。"基内尽管聪明过人，智力超强，却一点也不受人尊敬。在召开议会之前，他还有些名气，但在议会里他却籍籍无名。

对才华横溢者无动于衷的地方，莫过于政治集会。它所留心的

①西蒙（Jules Simon），法国政治领袖，激进党理论家。

只是那些与时间地点相宜、有利于党派的滔滔辩才，并不在乎它是否对国家有利。若想享有1848年的拉马丁以及1871年的梯也尔得到的那种崇敬，需要有急迫而不可动摇的利益刺激才成。一旦危险消失，议会立刻就会忘记它的感激和受到的惊吓。

我引用上面这些话，是因为其中包含着一些事实，而不是因为它所提供的解释，其中的心理学知识贫乏得很。群体一旦效忠于领袖，不管是党的领袖还是国家的领袖，它便立刻失去了自己的个性。服从领袖的群体是处在他的声望的影响之下，并且这种服从不受利益或感激之情的支配。

因此，享有足够声望的领袖几乎掌握着绝对权力。一位著名众议员在多年时间里因其声望而拥有巨大的影响力，在上次大选中由于某些金融问题而被击败，此事广为人知。他只消做个手势，内阁便倒台了。有个作家用下面一席话说明了他的影响程度：

这位×先生，让我们付出了三倍于我们为东京湾付出的惨痛代价，主要是因为他，我们在马达加斯加的地位长期岌岌可危。我们在南尼日尔被骗走了一个帝国，我们失去了在埃及的优势。×先生的谬论让我们丢失的领土，比拿破仑一世的灾难有过之而无不及。

对于这种领袖，我们不必过于苛责。不错，他使我们损失惨重，然而他的大部分影响力都是得自于顺应民意，而这种民意在殖民地事务上，目前还远没有超越过去的水平。领袖很少超前于民意，他所做的一切几乎总是在顺应民意，因此也会助长其中的所有错误。

我们这里所讨论的领袖进行说服的手段，除了他们的声望之外，还包括一些我们多次提到过的因素。领袖若巧妙地利用这些手段，他必须做到对群体心理了然于心，至少也要无意识地做到这一点，他还必须知道如何向他们说话。他尤其应当了解各种词汇、套话和形象的神奇力量。他应当具备特殊的辩才，这包括言之凿凿——卸去证明的重负——和生动的形象，并伴之以十分笼统的论证。这种辩才在所有集会中都可以看到，英国议会也不例外，虽然它是所有议会中最严肃的一家。英国哲人梅因①说："在下院的争吵中可以不断看到，整个辩论不过是些软弱无力的大话和盛怒的个人之间的交锋。这种一般公式对纯粹民主的想象有着巨大的影响。让一群人接受用惊人之语表达出来的笼统的断言，从来就不是什么难事，即使它从未得到过证实，大概也不可能得到证实。"

以上引文中提到的"惊人之语"，不管说得多重要也不能算

---

① 梅因（Maine），19世纪英国著名的法学家，历史法学派在英国的代表人物和集大成者，曾担任王室法官。

过分。我们多次谈到词语和套话的特殊力量。在措辞的选择上，必须以能够唤起生动的形象为准。下面这段话摘自我们一位议会领袖的演说，它提供了一个极好的范例：

> 这艘船将驶向我们那片坐落在我们的刑事犯定居点的热病肆虐的罚殖民地，把名声可疑的政客和目无政府的杀人犯关在一起。这对难兄难弟可以促膝谈心，视彼此为一种社会状态中互助互利的两派。

如此唤起的形象极为鲜活，演说者的所有对手都会觉得自己受着它的威胁。他们的脑海里浮现出两幅画面：一片热病肆虐的国土，一艘可以把他们送走的船。他们不是也有可能被放在那些定义不明确的可怕政客中间吗？他们体验到的恐惧，与当年罗伯斯庇尔用断头台发出威胁的演说给国民公会的人的感觉是一样的。在这种恐惧的影响下，他们肯定会向他投降。

喋喋不休地说些最离谱的大话，永远对领袖有利。我刚才引用过的那位演说家能够断言——并且不会遇到强烈的抗议——金融家和僧侣在资助扔炸弹的人，因此大金融公司的总裁也应受到和无政府主义者一样的惩罚。这种断言永远会在人群中发生作用。再激烈的断言、再可怕的声明也不算过分。要想吓唬住听众，没有比这种辩术更有效的办法。在场的人会担心，假如他们表示抗议，他们也会被当作叛徒或其同伙打倒。

如我所说，这种特殊的辩论术在所有集会中都极为有效。危难时刻它的作用更加明显。从这个角度看，法国大革命时期各种集会上的那些大演说家的讲话，读起来十分有趣。他们无时无刻不认为自己必须先谴责罪恶弘扬美德，然后再对暴君破口大骂，发誓不自由毋宁死。在场的人站起来热烈鼓掌，冷静下来后再回到自己的座位上。

偶尔也有智力超群、受过高等教育的领袖，但是具备这种品质通常对他不但无益反而有害。如果他想说明事情有多么复杂，同意作出解释和促进理解，他的智力就会使他变得宽宏大量，这会大大削弱使徒们所必需的信念的强度与粗暴。在所有的时代，尤其是在大革命时期，伟大的民众领袖头脑之狭隘令人瞠目，但影响力最大的，肯定也是头脑最褊狭的人。

其中最著名的演说，即罗伯斯庇尔的演说，经常有着令人吃惊的自相矛盾，只看这些演说实在搞不明白，这个大权在握的独裁者何以有如此大的影响。

教学法式的常识和废话，糊弄孩子头脑的稀松平常的拉丁文化，攻击和辩护所采用的观点不过是些小学生的歪理。没有思想，没有措辞上令人愉快的变化，也没有切中要害的讥讽，只有令我们生厌的疯狂断言。在经历过一次这种毫无乐趣的阅读之后，人们不免会与和蔼的德穆兰^① 一起，长叹一声："唉！"

想到与极端狭隘的头脑结合在一起的强烈信念能够给予一个有声望的人什么样的权力，有时真让人心惊肉跳。一个人要想无视各种障碍，表现出极高的意志力，就必须满足这些最起码的条件。群体本能地在精力旺盛、信仰坚定的人中间寻找自己的主子，他们永远需要这种人物。

在议会里，一次演说要想取得成功，根本不取决于演说者提出的论证，而是几乎完全依靠他所具有的声望。这方面最好的证明是，如果一个演说者因为这样或那样的事情失去声望，他同时也就失去了一切影响，即他根据自己的意志影响表决的能力。

当一个籍籍无名的演说者拿着一篇论证充分的讲稿出场时，如果他只有论证，他充其量也只能让人听听而已。一位有心理学见识的众议员德索布先生最近用下面这段话描述了一个缺乏声望的众议员。

他走上讲台后，从公文包里拿出一份讲稿，煞有介事地摆在自己面前，十分自信地开始发言。

---

①德穆兰（Camille Desmoulins），法国著名的记者和政治家，在法国大革命期间作为山岳党派成员，赞成共和制和处死国王。

他曾自我吹嘘说，他能够让听众确信使他本人感到振奋的事情。他一而再再而三地强调自己的论证，对那些数字和证据信心十足。他坚信自己能够说服听众。面对他所引用的证据，任何反对都没用处。他一厢情愿地开讲，相信自己同事的眼力，认为他们理所当然地只会赞同真理。

他一开口便惊异地发现大厅里并不安静，人们发出的噪音让他多少有些恼怒。

为何不能保持安静呢？为何这么不留意他的发言呢？对于正在讲话的人，那些众议员在想些什么？有什么要紧的事情让这个或那个众议员离开了自己的座位？

他脸上掠过一丝不安的神情。他皱着眉头停了下来。

在议长的鼓励下，他又提高嗓门开始发言。他加重语气，做出各种手势。周围的噪声越来越大，他连自己的话都听不见了。于是他又停了下来。最后，因为担心自己的沉默会招来可怕的叫喊"闭嘴"，便又开始说起来。喧闹声变得难以忍受。

当议会极度亢奋时，它也会变得和普通的异质性群体没什么两样，这时它的感情就会表现出总爱走极端的特点。可以看到它或是做出最伟大的英雄主义举动，或是犯下最恶劣的过失。个人不再是他自己，他会完全失去自我，投票赞成最不符合他本人利益的措施。

　　法国大革命的历史说明了议会能够多么严重地丧失自我意识，让那些与自己的利益截然对立的建议牵着鼻子走。贵族放弃自己的特权是个巨大的牺牲，但是在国民公会期间那个著名的夜晚，他们毫不犹豫地这样做了。议会成员放弃自己不可侵犯的权利，便使自己永远处在死亡的威胁之下，而他们却迈出了这一步；他们也不害怕在自己的阶层中滥杀无辜，虽然他们很清楚，今天他们把自己的同伙送上断头台，明天这可能就是他们自己的命运。实际上，他们已经进入了我曾描述过的一个完全不由自主的状态，任何想法都无法阻止他们赞成那些已经冲昏了他们头脑的建议。下面的话摘自他们中间的一个人，比劳·凡尔纳的回忆录极典型地记下了这种情况："我们一直极力谴责的决定，"他说，"两天前甚至一天前我们还不想作出的决定，居然就通过了，造成这种情况的是危机，再无其他原因。"再也没有比这更正确的说法了。

　　在所有情绪激昂的议会上，都可以看到同样的无意识现象。

　　泰纳说："他们批准并下令执行他们所痛恨的法令。这些法令不只愚蠢透顶，简直就是犯罪——杀害无辜，杀害他们的朋友。在右派的支持下，左派全体一致，在热烈的掌声中把丹东，他们的天然首领，这场革命的伟大发动者和领袖，送上了断头台。在左派的支持下，右派全部一致，在最响亮的掌声中表决通过了革命政府最恶劣的法令。议会全体一致，在一片热烈叫喊的赞扬声中，在对德布瓦、库东和罗伯斯庇尔等人热烈的赞扬声中，不由自主地一再举行改选，使杀人成性的政府留在台上。平原派憎恶它，是因为它嗜杀成性；山岳派憎恶它，是因为它草菅人命。平原派和山岳派，多数派和少数派，最后都落了个同意为他们的自杀出力的下场。牧月①22日，整个议会把自己交给了刽子手，热月②8日，在罗伯斯庇尔发言后的一刻钟内，同样的事情又被这个议会做了一次。"

这幅画面看起来昏天黑地，但它十分准确。议会若是兴奋和头脑发昏到一定程度，就会表现出同样的特点。它会变成不稳定的流体，受制于一切刺激。下面这段有关1848年议会的描述，来自斯布勒尔先生，一位有着不容怀疑的民主信仰的议员。我从《文学报》上把这段十分典型的文字转引如下。它足以说明群体的极端多变性：从一种感情转向另一种截然相反的感情，几乎是一刻不停的发生这种转变。

共和派因为自己的分裂、忌妒和猜疑，也因为它的盲信和无

---

① 牧月，5月20日~6月18日。1795年5月20日，法国巴黎人民发动了反对热月党人的起义，这一天正好是共和三年牧月1日，故称牧月革命。

② 热月，7月19日~8月17日。

节制的愿望而堕入地狱。它的质朴天真与它的普遍怀疑不相上下。与毫无法律意识、不知纪律为何物的表现相伴的是放肆的恐怖和幻想。在这些方面乡下人和孩子也比他们强。他们的冷酷和他们的缺乏耐心一样严重，他们的残暴与顺从不相上下。这种状态是性格不成熟以及缺乏教养的自然结果。没有什么事情能让这种人吃惊，但任何事情都会让他们慌乱。出于恐惧或出于大无畏的英雄气概，他们既能赴汤蹈火，也会胆小如鼠。

他们不管原因和后果，不在乎事物之间的关系。他们忽而灰心丧气，忽而斗志昂扬，他们很容易受惊慌情绪的影响，不是过于紧张就是过于沮丧，从来不会处在环境所要求的心境或状态中。他们比流水还易变，头脑混乱，行为无常。能指望他们提供什么样的政府基础？

幸运的是，上述这些在议会中看到的特点，并非经常出现。议会只是在某些时刻才会成为一个群体。在大多数情况下，组成议会的个人仍保持着自己的个性，这解释了议会为何能够制定出十分出色的法律。其实，这些法律的作者都是专家，他们是在自己安静的书房里拟订草稿的，因此，表决通过的法律，其实是个人而不是集体的产物，这些法律自然就是最好的法律。只有当一系列修正案把它们变成集体努力的产物时，它们才有可能产生灾难性的后果。群体的产品不管性质如何，与孤立的个人的产品相比，总是品质低劣。专家阻止着议会通过一些考虑不周全或行不通的政策。在这种情况下，专家是群体暂时的领袖。议会影响不到他，他却可以影响到议会。

议会的运作虽然面对所有这些困难，它仍然是人类迄今为止已经发现的最佳统治方式，尤其是人类已经找到的摆脱个人专制的最佳方式。不管是对于哲学家、思想家、作家、艺术家还是有教养的人，一句话，对于所有构成文明主流的人，议会无疑是理想的统治。

不过，在现实中它们也造成两种严重的危险：一是不可避免的财政浪费；二是对个人自由不断增加的限制。

第一个危险是各种紧迫问题和当选群体缺少远见必然导致的结果。如果有个议员提出一项显然符合民主理念的政策，比如说，他在议案中建议保证使所有的工人都能得到养老津贴，或建议为所有级别的国家雇员加薪，其他众议员因为害怕自己的选民，就会成为这一提议的牺牲品。他们似乎不敢无视后者的利益，反对这种提议中的政策。虽然他们清楚这是在为预算增加新的负担，必然造成新税种的设立。他们不可能在投票时迟疑不决，增加开支的后果属于遥远的未来，不会给他们自己带来不利的结果。如果投了反对票，当他们为连选连任而露面时，其后果就会清楚地展现在他们面前。

除了这第一个扩大开支的原因外，还有一个同样具有强制性的原因，即必须投票赞成一切为了地方目的的补助金。一名众议员没办法反对这种补助，因为它们同样反映着选民的迫切需要，也因为每个众议员只有同意自己同僚的类似要求，才有条件为自己的选民争取到这种补助金。①

上面提到的第二个危险——议会对自由不可避免的限制——看起来不那么明显，却是十分真实的。这是大量的法律——它们总是一种限制性措施——造成的结果，议会认为自己有义务表决通过，但是由于眼光短浅，它在很大程度上对其结果茫然无知。

这种危险当然是不可避免的，因为即使在英国这个提供了最通行的议会体制、议员对其选民保持了最大独立性的国家，也没有逃脱这种危险。赫伯特？斯宾塞在一本很久以前的著作中就曾指出，表面自由的增加必然伴随着真正自由的减少。他在最近的

---

① 《经济学家》在1895年4月6日刊发了一篇绝好的文章。评论说，仅仅因为竞选上的考虑而造成的主要是铺设铁路方面的开支数量。为了把郎盖耳（3000人口的山区小镇）和普伊连接起来，表决通过了一条耗费1500万法郎的铁路。有700万花费在连接博芒特（3500人口）和卡斯特尔萨拉金的铁路上，700万花费在连接奥斯特（523人口）和瓦克（1200人口）的铁路上，600万花费在连接普拉德和奥莱特村（747人口）的铁路上，如此等等。仅仅1895年一年，就表决通过了9000万法郎用于只对地方有用的铁路。还有另一些也是出于竞选考虑而造成的同样重要的开支。据财务部长的说法，对工人的补助加以制度化的法律，很快就涉及至少每年1.6亿法郎的支出，按照院士勒鲁瓦·布罗的说法则是8亿。显然，这种开支的不断增加肯定会导致破产。许多欧洲国家，如葡萄牙、希腊、西班牙、土耳其已经走到了这个地步，另一些国家，如意大利——很快也会步其后尘。这种事情传递出的危险信号很多，人们不可能察觉不到。

《人与国家》一书中又谈到了这个问题。在讨论英国议会时，他表达了自己的观点：

自从这个时期以来，立法机构一直遵循着我指出的路线。迅速膨胀的独裁政策不断地倾向于限制个人自由，这表现在两个方面。每年都有大量的法律被制定出来，对一些过去公民行为完全自由的事务进行限制，强迫他做一些过去他可做可不做的事情。同时，日益沉重的公共负担，尤其是地方公共负担，通过减少他可以自由支配的收益份额，增加公共权力取之于他并根据自己的喜好花销的份额，进一步限制了他的自由。

这种对个人自由日益增加的限制，在每个国家都有斯宾塞没有明确指出的各种具体的表现形式。正是这些大量的法律——大体上全是些限制性法令的通过，必然会大大增加负责实施它们的公务员的数量、权力和影响。沿着这个方向走下去，这些公务员有可能成为文明国家的真正主人。他们拥有更大的权力，是因为在政府不断更换的过程中，只有他们不会受到这种不断变化的触动，只有他们不承担责任，不需要个性，永久地存在。实行压迫性的专制，莫过于具备这三种特点的人。

不断制定一些限制性法规，用最复杂的条条框框把最微不足道的生活行为包围起来，难免会把公民自由活动的空间限制在越来越小的范围之内。各国被一种谬见所蒙蔽，认为保障自由与平等的最好办法就是多多地制定法律，因此它们每天都在批准进行一些越来越不堪忍受的束缚。它们已经习惯于给人上套，很快便会达到需要仆人的地步，失去一切自发精神与活力。那时他们不过是些虚幻的人影，消极、顺从、有气无力的行尸走肉。

若是到了这个地步，个人注定要去寻求那种他自己身上已经找不到的外在力量。政府各部门必然与公民的麻木和无望同步增长，所以它们必须表现出私人所没有的主动性、首创性和指导精神，这迫使它们要承担一切、领导一切，把一切都纳入自己的保护之下。于是国家变成了全能的上帝。而经验告诉我们，这种上帝既难以持久，也不十分强大。

在某些民族中，一切自由受到了越来越多的限制，尽管表面上的许可使他们产生一种幻觉，以为自己还拥有这些自由。他们的衰老对造成这种情况所起的作用，至少和任何具体的制度一样大。这是直到今天任何文明都无法逃脱的衰落期的不祥先兆之一。

根据历史的教训以及各方面都触目惊心的那些先兆判断，我们的一些现代文明已经到达了衰败期之前那些历史上早已有之的时代。所有的民族似乎都不可避免地要经历同样的生存阶段，因为看起来历史是在不断地重复它的过程。

关于文明进化的这些共同阶段，很容易做个简单的说明，我将对它们做一概括，以此为本书做结。这种速记式的说明，也许能够对理解目前群众所行使的权力有所启发。

如果我们根据主要线索，对我们之前那些文明的伟大与衰败的原因加以评价，我们会发现什么呢？

在文明诞生之初，一群来源不同的人，出于移民、入侵或占领等原因聚集在一起。他们血缘不同，语言和信仰也不同。使这些人结为整体的唯一共同的纽带，是某个头领的没有完全得到承认的法律。这些混乱的人群有着十分突出的群体特征。他们有短暂的团结，既表现出英雄主义，也有种种弱点，易冲动而性情狂狷。没有什么东西把他们牢固地联系在一起。他们是野蛮人。

漫长的岁月造就了自己的作品。环境的一致、种族间不断出现的通婚和共同生活的必要性发挥了作用。不同的小群体开始融合成一个整体，形成了一个种族，即一个有着共同的特征和感情的群体，他们在遗传的作用下日益稳固。这群人变成了一个民族，这个民族又有能力摆脱它的野蛮状态。但是，只有在经过长期的努力、不断重复的斗争以及无数次的反复，从而使它获得了某种理想之后，它才能够完全形成一个民族。这个理想具有什么性质并不十分重要，不管是对罗马的崇拜、雅典的强盛，还是神帝的胜利，都足以让一个种族中的每个人在感情和思想上形成完全的统一。

在这个阶段，一种包含着各种制度、信念和艺术的新文明便诞生了。这个种族在追求自己理想的过程中，会逐渐得到某些它建立丰功伟业所不可缺少的素质。无需怀疑，它有时仍然是乌合之众，但是在它变幻不定的特征背后，会形成一个稳定的基础，即一个种族的禀性，它决定着一个民族在狭小的范围内变化，支配着机遇的作用。

时间在做完它的创造性工作之后，便开始了破坏的过程，不管是神灵还是人，一概无法逃出它的手掌。一个文明在达到一定的强盛和复杂程度之后，便会止步不前，而一旦止步不前，它注定会进入衰落的过程。这时它的老年期便降临了。

这个不可避免的时刻，总是以作为种族支柱的理想的衰弱为特点。同这种理想的衰弱相对应，在它的激励下建立起的宗教、政治和社会结构也开始发生动摇。

随着这个种族的理想不断消亡，它也日益失去了使自己团结强盛的品质。个人的个性和智力可以增长，但是这个种族集体的自我意识却会被个人自我意识的过度发展所取代，同时伴随着性格的弱化和行动能力的退化。本来是一个民族、一个联合体、一个整体的人群，最终会变成一群缺乏凝聚力的个人，他们在一段时间里，仅仅因为传统和制度而被人为地聚集在一起。正是在这个阶段，被个人利益和愿望搞得四分五裂的人，已失去了治理自己的能力，所以在最微不足道的事情上也需要领导，于是国家开始发挥引人注目的影响。

随着古老理想的丧失，这个种族的才华也完全消失了。它仅仅是一群独立的个人，因而回到了自己的原始状态，即一群乌合之众。它既缺乏统一性，也没有未来，只有乌合之众那些一时的特性。它的文明现在已经失去了稳定性，只能随波逐流。民众就是至上的权力，野蛮风气盛行。文明也许仍然华丽，因为久远的历史赋予它的外表尚存，其实它已成了一座岌岌可危的大厦，没有任何支撑，下次风暴一来，它便会立刻倾覆。

在追求理想的过程中，从野蛮状态发展到文明状态，然后，当这个理想失去优势时，走向衰落和死亡。这就是一个民族的生命循环过程。

乌合之众

THE CROWD

附 录

荒唐的群众性狂潮——密西西比计划

1729年，一名叫约翰·劳（John Law）的苏格兰人死在了威尼斯，去世时他的处境非常悲惨。下面就是当时人们为他写的墓志铭：

这里长眠着一位著名的苏格兰人，

他的计算技巧无人匹敌，

他用简单的数学原理，

把法国变得一贫如洗。

下面将要登场的正是这位密西西比计划的主角——约翰·劳。其实，他对信用的原理和真正原则了如指掌，他比同时代的任何人都熟悉金融问题。只是他没有料到，整个国家人民贪婪的狂潮；他也不知道，自信像怀疑一样，可以无限制地增长，希望可以像恐惧一样四处泛滥。

约翰·劳于1671年生于爱丁堡，刚满14岁就被父亲带到会计室中艰苦劳动了三年。他对于数字表现出了非常的热情，年纪不大时就在算术上显示了非凡的才能。1688年父亲去世，从此他就完全从令人厌烦的事务中脱身出来，带着继承来的收入，到外面闯荡世界。

他先后在伦敦、佛兰德斯、荷兰、德国、匈牙利、意大利和法国游荡了多年。他对各个国家的贸易和资源异常熟悉，并日益坚定地认为，如果没有纸币，任何国家的经济都不可能繁荣。在这14年中，他的成功似乎主要在于赌博方面。在欧洲各国首都每个有名的赌场里，他都声名显赫，人们都认为他是同时代最精于计算、善于利用错综复杂机会的人。

1715年，法王路易十四去世，奥尔良公爵被指定为摄政王。这时候，法国的财政到了崩溃的边缘，由于国王的腐化堕落和上下各级官吏的争相仿效，整个经济秩序一片混乱。在这场财政纷乱之中，约翰·劳出现了。他向摄政王提交了两份备忘录，提出由于货币不足以及货币贬值，噩运已经笼罩了法兰西。他认为如果没有纸币的辅助，金属货币远远不能满足一个商业国家的要求；他还特别以英国和荷兰为例来阐明纸币的好处。他建议摄政王建立一个银行，这个银行有权管理国家的税收，并以这些税收和不动产为基础发行纸币。他还进一步提议以国王的名义管理，但必须由议会指定而组成的委员会来控制它。

1716年5月5日，皇室发布命令，授权劳与他的兄弟一道建立一个名叫"劳氏公司"的银行。约翰·劳从此踏上了通向成功的康庄大道。30年对金融事务的研究使他在处理银行事务时游刃有余。他使自己发行的纸币可以随意购买或兑换，并且发行后价值不变。他的纸币在公众心目中的价值迅速升高，比同样面值的金属货币价值高出1%。不久，全国的商业贸易就从中获得了利益。逐渐萎缩的商业慢慢复苏过来；人们开始按时纳税，抱怨声也渐渐少了；人们心中对纸币的信任完全建立了，他的信誉也蒸蒸日上。与此同时，劳开始了使他名垂后世的著名计划。

他向摄政王提议建立一个公司，这个公司应拥有与密西西比河广阔流域和河西岸路易斯安那州做生意的特权。据说这两个地方遍地都见金银；并且，如果在这场独一无二的贸易中获取巨大利润的话，就可以成为唯一的税赋承包人和钱币的唯一铸造者。贸易特许状于1717年发了下来，公司顺利成立。就在此时，投机的狂潮席卷了整个法兰西。劳氏银行产生了很好的信誉，以致于他所做的任何承诺以及他认为合适的承诺都被人们马上坚信不疑。

后来，银行被改建成了法兰西皇家银行。在如潮的赞誉声中，劳和摄政王有点如痴如醉，他们忘记了前者大声宣布过的准则，即如果一个银行家没有必要的资金来支持自己发行的纸币，他就只有死路一条。

这个银行刚从私营转为国营，摄政王就指使它发行了面值10亿里弗赫的纸币。这是偏离正确原则的第一步。这时候，法国议会给劳带来了一点麻烦。劳在惊惧之中逃到皇宫中，他祈求摄政王采取措施来使议会就范。后者下令逮捕议会的议长和两名议员，将他们关押到远方的监狱，这才压制住了议会的反抗。

遮住劳眼前大好前程的一片乌云就这样被吹散了：从自身的危险境地解脱之后，劳将自己的注意力集中到了著名的密西西比计划之中，公司的股份急剧增加。1719年初，政府发布文告，授予密西西比公司全权在东印度群岛、中国、南太平洋诸岛，以及柯尔伯建立的法国东印度公司所属各地进行贸易。由于业务的快速增长，这个公司认为自己更适合被称为印度群岛公司，并新增5万股新股。劳所展示的前景异常辉煌。他保证每份500里弗赫的股票每年可以分红200里弗赫。由于这些股票是被用国库券以面值购买的，500里弗赫的面值只抵得上100里弗赫的实际价值，每一股的利润竟达到200%。一直在高涨的公众的热情使人们无法抵御如此看好的前景诱惑。至少有30万人申请购买这5万份新股。劳在甘康普瓦大街的住宅从早到晚都挤满了渴切的申请人。由于不可能满足所有的申请人，新的股票持有人的名单只能在几周后才能敲定。在这段时间内，公众的焦急心情达到了疯狂的顶点。公爵、侯爵、伯爵以及他们的夫人每天都在劳的门口等候几个小时后才能知道结果。最后，等候的人数达到数千人，并充斥了大街，为防止互相推挤，他们搬到了相临的套间内暂住，以便能经常靠近那座新的财富圣殿。旧股的价格节节上扬；在整个国家金色梦想的诱惑下，新的申请人源源而至。最后，公司认为可以再发行30万新股，每股5000里弗赫。这样的话，摄政王就可以利用公众普遍的热情还清所有的国债。为此目的，社会上必须有15亿里弗赫的资金。举国上下，人们一片狂热，在这种状态下，即使三倍这样数额的金钱人们也愿意拿出。

这时的劳正处于财富的巅峰，法国人也在迅速地接近痴迷的顶点。劳这时发现他的住处太不方便了，他就搬到了旺多姆广场，并租下了苏瓦松官邸。那些投机商们也随他到了那里。宽阔的广场很快变得和甘普瓦大街一样拥挤：从早到晚，熙熙攘攘。广场上搭了许多大大小小的帐篷供炒股和出售饮料点心。人们高声谈话的声音整日沸声盈天，以致于法庭设在广场边的一位法官向摄政王和市政府抱怨说他听不到律师辩护的声音。

看到同胞们一个个做着愚蠢的事且不能自拔，马歇尔·维拉尔斯这个心地正直的老兵感到非常苦恼，一提到这件事他就气不打一处来。有一次他坐在马车里驶过旺多姆广场，看到人们醉心于买卖股票之中；这位性格暴躁的绅士心里很不痛快，他突然命令车夫停住马车，然后他把头伸出车窗，对着人群大声疾呼了半个钟头，要求他们停止这种"招人厌恶的贪婪行为"。这个举动看来不太明智。人们的唏嘘和嘲弄潮水般涌向这位勇敢的绅士，直到他看到一个更加真实的东西破空飞向自己的脑袋时，才悻悻地驾车狼狈而逃。以后他再也没有这样做过。

两个更加清醒、安静和富于思辨思想的学者，德·拉·莫特和提哈松神父互相祝贺对方至少没有卷入这场奇怪的狂热行动。但几天后，这位德高望重的神父就前去苏瓦松官邸买股票去了，当他出来时，正碰上为同一目的向里走的朋友德·拉·莫特。他说："哈！那是你吗？""是的"拉·莫特快速从他身边走过，说，"那可能是你吗？"他们第二次再聚在一起时，两位学者高谈阔论哲学、科学、宗教，但再也没有勇气对密西西比计划发一句微词了。最后，当这件事终于被提起时，他们一致同意以下结论：一个人永远不应该发誓不干某一种事；还有，世上不存在什么即使聪明人也不能享受的豪华与奢侈。

在那个时代，劳这位新财神成了国内最重要的人物。摄政王的接待室里留不住一位朝臣，因为无论是贵族、法官还是主教们都涌进了苏瓦松官邸；陆军、海军的将领，地位尊贵的女士们，以及每个世袭有爵位或身居要职、认为自己有优先购股权的人都坐在劳的会客室，乞求劳卖给他们印度公司的股票。劳非常繁忙，连1/10的申请者也见不了。所以申请者们绞尽脑汁，想出各种策略以接近他。

许多人每天都到这里，坚持了两个星期才达到目的。有人想出了极其滑稽可笑的办法来争取与他谈话的机会。有一位努力几天仍不能如愿的女士，放弃了在劳家里访问劳的希望；但是，她命令自己的车夫，当她外出时，他必须仔细观察，如果看到劳先生走过来就让马车撞到灯柱上，把她摔下。她的马车夫保证完成这个嘱托。

有一段时间，由于人们自信心增强，贸易也变得发达起来，做生意无不有利可图。特别是在巴黎，这种情况更是明显。外地人从各个方向涌进首都。城里满目皆是各式各样的马车和其他交通工具，全国的织布机都异常忙碌地赶制华丽的缎带、丝绸、宽幅细布和天鹅绒。这些东西的价格由于纸币发行量太大而涨到了原来的四倍。食物的价格也一日千里。面包、鲜肉和蔬菜的价格以前的人连想也不敢想；劳动的报酬也以同样的比例上涨，到处都在建新房子……一种虚幻的繁荣照花了全国人民的眼睛，没有一个人看到地平线上预示风暴很快就要来临的乌云。

1720年前，社会仍然不断走向繁荣。议会一再发出警告：纸币发行量过大迟早会使国家经济崩溃，但是这些警告被置若罔闻。对财政一窍不通的摄政王认为，既然发行纸币能带来这么大的好处，那就不应该对发行进行任何限制。摄政王这个巨大的谬误没有遭到劳的反对。人们极度的贪婪支撑着这个海市蜃楼。

然而，谎言终归是谎言，经不住时间的考验。突然某一天，假象支撑不住了。下面这首讽刺诗就出自那个时期：

星期一，我买股票去，

星期二，我赚了几百万，

星期三，我买家具，

星期四，我买好衣衫，

星期五，我跳舞去，

星期六，我进了乞丐收容站。

劳被解职，摄政王把所有的过错都推到了劳的头上。由于公众心情激奋，劳尽量不使自己在没有护卫的情况下暴露在大街上。由于在国内生活已经不再安全了，在绝望之中，劳决定离开法国，后来又逃往威尼斯。人们都认为劳是个家财万贯的富豪，但是，这个想法完全错了。在一生中大部分时间里，他是一个彻头彻尾的赌徒，除了一颗价值约五六千英镑的钻石外，他所有收入都投资在了法国。因此，当他离开法国的土地时，他几乎一贫如洗。1729年，劳客死他乡，此时他穷困潦倒，孤苦伶仃。

在投资理财渐渐成为大众行为的今天，密西西比计划具有极为广泛的现实意义和警世价值，被商业投资从业者誉为必读"圣经"。是金钱导致了癫狂，还是癫狂制造了幻想？群体聚在一起后的荒唐性行为由此可见一斑。

乌合之众

荒唐的群众性狂潮——女巫奇冤

群众们："绞死她！打她！杀了她！"

法官："我要主持正义！不允许使用暴力！"

索耶大妈："你们这群流氓恶棍，残忍的刽子手！为什么折磨我！我身犯何罪？"

法官："天哪！告密者，你是他的邻居，为什么要虐待一个老妇人？"

告密者："她不是人！她是来自阴间的母猫，是一个女巫！为了揭穿她的身份，我们把她的茅草屋烧了，她却好像魔鬼一样冲向我们！"

——福德《艾德蒙顿的女巫》

人们深深相信，灵魂离开肉体之后，在某种条件下还可以重返人世。在欧洲，长达250年内，人们始终认为：那些离开肉体的灵魂不仅能够重返人间，显灵作祟，其至还能召唤恶魔来祸害生者。

当时的欧洲，黑死病肆虐。从王公贵族到贫民百姓都难逃病魔，由于愚昧无知和缺乏安全感，黑死病被归咎于魔王和它的帮凶在搞鬼。当时出现的任何天灾人祸，都被归咎于女巫所为。谷仓被暴风掀翻，人们便认为这是有人在使用巫术作祟；牛羊死于疾病，或者某人的身体出现病痛，或者他的亲人患病而死——人们不把这些看作是自然现象，而认为是邻家的丑陋老太婆施用了魔法。如果这个老太婆行为再古怪一些，那毫无疑问，她将被众口一词地断定为女巫。

"女巫"二字在欧洲家喻户晓，法国、意大利、德国、英格兰、苏格兰及遥远的北部地区都有这个词语的影子，其至还一度成为人们谈论的热门话题。当时在各国法庭上，巫术案的比例最大，很难找到其他案件的记录。成千上万的人不幸被荒诞地指认为巫婆，然后被处死。在德国，每年平均有600人被诬为女巫而被处死。也就是说，如果不把周日计算在内的话——因为周日刑场休息——那么平均每天要有两人被处死。

从古到今，人们都希望能与神灵交流，期望从神那里得到关于未来的信息。在摩西时代，就出现了江湖骗子，他们诈称自己拥有神赐的力量，这亵渎了上帝的尊严。因而，摩西才按照神的旨意颁布了法律，惩治这些骗子。因此，摩西戒律中有这样一句话："你要把巫婆斩草除根！"可惜，人们把这句经文误读了，结果很多原本善良的人也变得残暴起来。这些人们很迷信，如果说以前他们还只是温和地迷信，那么现在，他们的迷信就会促使他们作出一些暴力的行为——对女巫的疯狂迫害。

我们知道，在人们生病的时候，头脑会产生幻觉；忧郁症患者的眼前会出现幻视；甚至当别人强烈地暗示他是个茶壶，他真的就觉得自己是个茶壶；这些奇怪的现象，在当今科学的帮助下，都一一揭开答案。如果在现在，一个人把自己想象成一匹狼，那么他一定会被送到精神病院接受治疗，但是在过去，他若是这么想，一定会被送到火刑柱上烧死——火刑是对付女巫的常用方法。

现代的人当听到过去对迷信的种种疯狂行为后总觉得匪夷所思，但当我们翻开历史的书页，看到这些真真切切发生的事实以后，我们才会觉得，原来人们对巫术的误解一直很深，而且对那些被认为是巫婆的人犯下了多么残忍的罪行！

当时的欧洲，战争连续不断，民不聊生，种种奇谈怪论也开始滋生并蔓延。社会上专门出现了一种叫作"巫婆猎手"的行当，马修·霍普金斯是这个行当中的领军人物。1644年，他宣称在几个不幸的女巫身上发现了魔王的记号。由于他栽赃陷害的手段非常高明，因此人们普遍认为那些女人真是女巫。他也经常推陈出新，想出一些新的捉巫招数。曾经有一段时间，只要听说艾塞克斯什么地方有女巫，马修·霍普金斯必然会赶到现场，然后凭着他所谓的"捉巫经验"，帮助当地的法官捉拿女巫。为了猎捕女巫，他的足迹遍及诺福克、艾塞克斯、汉汀顿和索塞克斯等地。在一年内，通过他的手，有60个无辜的人被当成女巫绑在火刑柱上活活烧死。这些无辜的生命换来了他的更多声望，他的名头越来越响亮，人们尊敬地叫他"捉巫将军"。

怎样知道一个人是不是女巫呢？他经常采用的方法是"水裁法"。这种方法是这样的：把被怀疑是女巫的人的手脚交叉捆绑，把她右手的大拇指和左脚的脚趾绑在一起，另外一只手也是如法炮制。然后用床单或毯子把她们包裹起来，丢进池塘或河流中。如果她沉下去淹死了，证明她不是女巫；如果她漂在水面不沉下去，她就被认定是女巫而被烧死。根据物理学的原理，如果把裹起来的人轻轻放在水面上，那么她多半不会沉下去。所以用此方法来验证的嫌疑人，绝大多数人最后都被裁决为女巫，含冤而死。

另一种裁决方法是让嫌疑人背诵主祷文和上帝的教义，完全正确地背下来便罢，但凡她们在背诵时漏掉哪怕一个字，或者稍微有点磕磕巴巴，当场就被判定为女巫。而在那种审讯的环境下，受审者无比惊恐和紧张，冗长的教义怎么可能做到一字不漏或连贯流利呢？因此，没有一个嫌疑人成功通过裁决。

这个靠捕杀女巫获得声望的人，也被人用他对待女巫的手法处死。巴特勒在作品《哈迪布拉斯》中，描述了这个恶贯满盈的家伙的一生。

我们爱民如子的议会，给魔鬼派去一名帮凶，赋予它十足的权力，让他揪出所有的女巫。

他在短短的一年间，一个郡里就绞死60个女巫。

一些只是因为浮在水上，还有一些也只是因坐不住板凳。他看到家禽家畜暴病而死，他就妄猜这是妖法所致，难道这样就要被活活烧死，或者被送上可怕的绞架？

最终他被证明自己就是个巫师，被丢进池塘活活淹死。

在苏格兰，也有专门的抓捕女巫的行当，人们管这种人叫作"大众刺巫者"。他们的盈利模式和霍普金斯一样，只要揪出一个女巫就得到一笔钱。

1646年，一个叫珍尼特·彼斯顿的女人被诬陷为女巫，并被送上法庭审判。为了让犯人认罪，达尔开斯的地方官员专门请来了一个叫金凯德的"大众刺巫者"用针来扎她。据说，只要针扎在身上不疼痛不出血，就说明那个部位有魔王留下的印记。金凯德就用一根长达3英寸的针残忍地刺遍了那个不幸女人的全身，然后找到两处"魔王的印记"，因为那两个部位被针刺的时候她没有感觉，而且也不见出血。再问她被刺在什么部位，她也说不出来。最后就凭这个把她定了罪。后来，"大众刺巫者"的数量不断增加，最后终于成为社会一害。连法官也不愿采信他们提供的证据了。1678年，一位诚实的妇女向苏格兰的枢密院申诉，声称自己被一个卑鄙的"大众刺巫者"诬陷了。经过枢密院的调查，最后为那个妇女平了反，"大众刺巫者"也被定性为骗子。可惜，这个裁决来得太晚了，已经有上千无辜的人被刺死或被处死了。

而从1649年到1659年的10年间，民众狂热地揪出所谓的巫婆，结果4000多名无辜者获罪。我们可以听到两个法官这样对话，甲法官说："我们的法院平均每天烧死两个巫婆。"乙法官不以为然地说："这算什么？我们那里一天烧死10个。"他们只是抱怨天下怎么有那么多巫婆要等着他们来判刑，等着他们来烧死，却从没想到，正是由于他们草菅人命式的审理，才导致这么多人送命。

而最有名的女巫案件则是塞勒姆女巫审判案。1692年，美国马萨诸塞州塞勒姆镇一个牧师的女儿突然得了一种怪病：行走跌跌撞撞，浑身疼痛，还会突然痉挛，表情非常恐怖。随后，与她平素形影不离的7个女孩相继出现了同样的症状。从现代医学角度讲，这是"跳舞病"的一种表现。这类症状的罪魁祸首，是一种寄生于黑麦的真菌"麦角菌"。但是当时，人们普遍认为，让孩子们得了怪病的真正原因，是村里的黑人女奴蒂图巴和另一个女乞丐，还有一个孤僻的从来不去教堂的老妇人。人们对这3名可怜的女人严刑逼供，"女巫"和"巫师"的数量也一步步增加，先后有20多个"女巫"和"巫汉"死于这起冤案中，另有200多人被逮捕或监禁。1693年5月，在菲普斯大赦所有在押的巫术嫌疑犯并终止所有的审判后，这场悲剧终于结束。截此为止，塞勒姆镇女巫审判案已使得19人被处以绞刑，1人被石头堆压死。

塞勒姆镇女巫审判案对塞勒姆镇造成的后果极为严重。即使审判结束，许多人由于不能支付在押的费用而无法出狱。当时的法律规定：犯人在出狱前，必须付清住狱的住宿费和伙食费，除非有他人替犯人买单。此外，已被判罪处刑者的财产也被政府没收，这使得他们的家人无处可去，无法生存。一些土地荒芜，房屋无人管理。在审判案结束后许多年里，塞勒姆镇都被贫穷农作物歉收和瘟疫所困扰。

从塞勒姆女巫审判案案后，美国再也没有发生因巫术受审的事件。300年来，美国的历史学家、社会学家、心理学家直到今天仍在研究此案。而人们由于对某种现象的恐惧与想象会产生何种悲剧性的结局也在不断地提示着人们。

时至今天，迷信思想仍然没有彻底消除，但是，幸运的是，那个对迷信极度狂热的年代已经一去不复返了。即使还有一些愚昧的人存在，但和当年的疯狂程度已经不可同日而语。在过去的岁月里，迷信的人足足有几百万，死在迷信思想下的人也足有数万之多。